거짓말쟁이의 뇌를 해부한다면

06
지식
+
진로

거짓말쟁이의 뇌를 해부한다면

이남석 지음

허언증부터 가짜 뉴스까지 거짓말로 읽는 심리학

다른

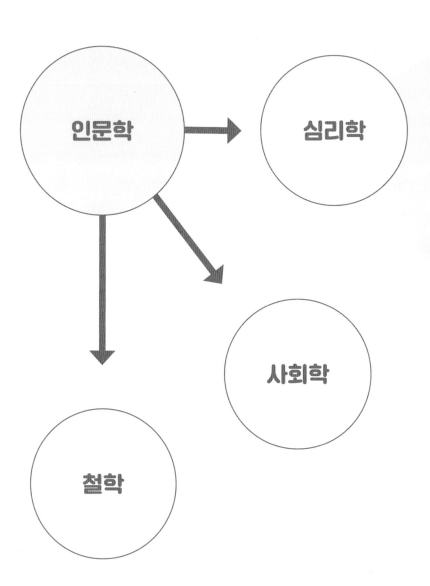

지각심리학

인지심리학

생리심리학

진화심리학

범죄심리학

사회심리학

상담심리학

심리측정학

행동경제학

심리상담사

미술치료사

상담 심리치료

마케팅 기획자

경제·경영

통계 빅데이터

사회조사 분석사

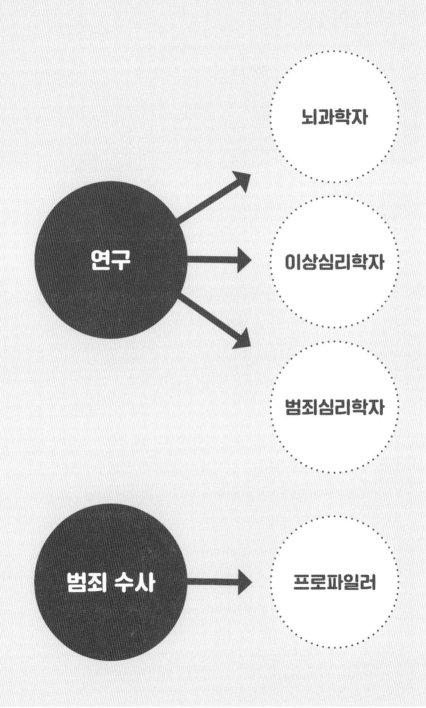

거짓말을 하지 않는 사람은 없다

평생 단 한 번도 거짓말을 하지 않는 사람이 있을까? 옛날부터 현대까지 그 어떤 사회도 거짓말을 하라고 가르치지 않는다. 오히려 그 반대다. 거짓말은 나쁜 것이라고 가르친다. 하지만 현실에서 사람은 누구나 크고 작은 거짓말을 하며 산다. 심리학자 로버트 펠드먼의 연구에 따르면, 처음 인사를 나눈 사람끼리도 10분 만에 거짓말을 세 번이나 한다. 심리학자 벨라 드폴로는 147명에게 일주일간 일기를 쓰게 하고 의도적으로 거짓말한 횟수를 나중에 고백하게 했다. 그 결과 실험에 참가한 사람들은 하루 평균 1.5회의 거짓말을 했다고 말했다. 스스로 한 고백이 이 정도다.

범죄심리학자 폴 에크먼 박사의 연구에 따르면 사람은 8분마다 한 번씩 거짓말을 하며 하루 최소 200번 정도 거짓말을 한다. 연구자에 따라 결과는 조금씩 다르지만 이 사실만은 확실하다. 거짓말을 하지 않는 사람은 없다.

우리는 왜 거짓말을 할까? 심리학에서는 말로 하는 것만이 아니라 속임수, 치장, 과장, 왜곡까지 거짓말로 정의한다. 간단히 말하자면 진심, 진실과 다른 말이나 행동을 하는 것을 거짓말이라고 한다. 사람들은 자신을 보호하기 위해, 원만한 인간관계를 위해, 다른 사람을 보호하기 위해, 다른 사람의 관심을 끌기 위해, 이익을 얻기 위해 아주 작은 것부터 큰 것까지 다양한 거짓말을 한다.

그런데 거짓말은 문화에 따라서도 달라진다. 어떤 문화에서는 상대방을 배려하거나 예의를 갖추는 하얀 거짓말인 것이 다른 문화에서는 그렇지 않을 수 있다. 예를 들어 가족 중 한 명이 암에 걸렸다면 어떻게 그 사실을 말해야 할까? 세계 각국에서 온 다양한 이민자가 사는 미국의 로스앤젤레스에서 설문 조사를 한 적이 있다. 그 조사 결과에 따르면 나이 든 한국계 미국인은 50퍼센트 정도만 암에 걸렸다고 말을 하는 것이 좋다고 생각했다. 즉 응답자의 절반이 사실을 피해 가는 하얀 거짓말을 바랐다.

반면 유럽 출신 백인 이민자나 아프리카계 미국인흑인의 생각은 정반대였다. 무려 90퍼센트가 진실을 말해야 한다고 응답했다. 한국 문화권 사람이 배려를 위한 하얀 거짓말이라고 생각한 것이 이들에게는 스스로 인생을 정리할 수 있는 권리를 침해하는 나쁜 거짓말인 셈이다.

800년 전의 신학자도 세상을 채우고 있는 거짓말에 주목했다. 당시 서양에서는 기독교를 중심으로 신의 뜻에 따르는 삶을 강조했다. 거짓은 신이 아닌 악마의 장난이었고, 올바른 삶을 살려는 사람의 가장 큰 적이었다. 그러면 중세에는 거짓말이 없었을까? 아니다. 신학자가 따로 연구할 정도로 많았다.

누구나 하는 거짓말. 자세히 보면 어떤 거짓말을 더 많이 하느냐에 따라 다른 삶을 살고 있음을 알 수 있다. 예를 들어 사이비 종교의 교주는 종교를 가르칠 때 청중의 마음을 화끈하게 흔드는 거짓말을 많이 한다. 범죄자는 누군가를 다치게 하고 아무에게도 도움 되지 않는 거짓말을 늘어놓는다.

자기 이득을 챙기기에 바빠 대중을 속이는 정치가나 가짜 뉴스 유포자는 사회심리학자의 관심 대상이 된다. 허언증 환자는 누군가를 속이는 즐거움 때문에 거짓말을 과하게 해서 임상심리학자의 상담을 받는다.

대화에서 다른 사람을 즐겁게 하는 거짓말을 잘하는 사람은 예능인이나 예술가로서의 소질이 뛰어나다. 사람들의 마음을 사로잡는 화려한 거짓말을 잘하는 사람은 홍보 전문가가 되어 광고심리학 교재에 등장할 수도 있다.

이렇듯 거짓말을 하는 심리적 이유도 다르고, 그에 따라 삶의 모습과 관련된 직업도 달라진다. 이 책은 현대인의 삶에서 벌어지는 크고 작은 거짓말을 중심으로 심리학의 다양한 세부 연구 분야와 대표 연구, 연관된 직업까지 소개한다. 이 책을 읽는 독자들이 자신과 가족, 친구, 주변 사람들의 심리를 이해하는 것은 물

론 거짓말이 가득한 세상에서 진실을 가려 내는 통찰력을 키울
수 있기를 바란다.

차례

1장 착한 거짓말과 나쁜 거짓말

. . . .

2장 다 같은 거짓말이 아니다

3장 꾼들의 거짓말은 어떻게 다를까?

4장 거짓말을 알아차리는 기술

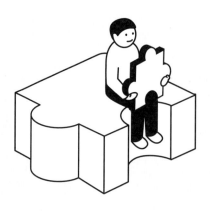

1장

착한 거짓말과
나쁜 거짓말

진화심리학에서는 거짓말이 인간의
생존을 위해 만들어진 본능이라고 말한다.

거짓말은 본능이다?

독일의 심리학자 루이스 빌헬름 슈테른은 거짓말을 "남을 속임으로써 어떤 목적을 달성하고자 하는 의식적인 허위의 발언"이라고 정의했다. 사람들은 심리적, 정치적, 경제적 이익 등 자신의 목적을 이루려고 거짓말을 한다.

뉴잉글랜드대학교 인지과학·진화심리학연구소 소장인 데이비드 리빙스턴 스미스 교수는 슈테른의 이 같은 정의를 더 넓게 해석했다. 스미스 교수는 언어로 하는 거짓말뿐 아니라 불성실한 태도, 헛웃음, 남의 말을 못 알아들은 척하는 것, 가발, 가슴 확대수술, 꾀병 등 다른 사람이나 자기 자신을 속이려는 모든 시도를 '거짓말'이라고 정의했다. 이렇게 보면 우리는 거짓말로 가득한 세상에 사는 느낌이다.

실제로 거짓말 전문가인 파멜라 메이어가 《속임수의 심리학》에서 설명했듯이 우리는 다양한 거짓말 속에서 살고 있다. 사람이 하루에 몇 번이나 거짓말을 하는지는 학자마다 측정치가 다르다. 적게는 하루 1.5회, 많게는 하루 200회로 차이가 크다. 어떤 연구자는 상대가 이상한 옷을 입고 왔을 때 "독특하고 괜찮네요"라고 하는 것도 거짓말로 보기도 하고, 어떤 연구자는 나쁜 의도로 한 거짓말만 센다. 연구자들이 생각하는 거짓말의 종류가 다르기 때문에 연구 결과도 다르다.

그러나 '하루에 한 번도 거짓말을 하지 않는다'는 연구는 하나도 없다. 즉 거짓말은 언제나 있는 셈이다. 종교가 다르고, 사는 지역이 달라도 거짓말은 어디에나 있다.

원숭이와 새도 거짓말을 한다

《왜 뻔한 거짓말에 속을까》의 저자인 찰스 포드에 따르면, 거짓말은 본능이다. 본능이라면, 동물도 거짓말을 해야 한다. 물론 동물은 말이 아닌 행동으로 진실이 아닌 거짓을 전달한다.

스코틀랜드 세인트앤드루스대학교의 리처드 번과 앤드루 화이튼 박사는 개코원숭이를 관찰했다. 어린 개코원숭이 한 마리가 어른 원숭이들을 도발했다. 당연히 어른 원숭이들은 떼를 지어 으르렁거리며 어린 원숭이를 공격하려 했다. 열심히 도망가서 언덕에 도착한 어린 원숭이는 뒷다리로 서서 멀리 계곡 건너편을 응시했다. 마치 적들이 오는 것을 본 것처럼 말이다. 쫓아오던 어른 원숭이들은 그 모습을 보고 적들이 있다고 생각해 주변을 경계했다. 사실 적은 없었다. 어린 원숭이가 거짓말을 한 것이다. 덕분에 어린 원숭이를 혼내려 한 어른들은 분노보다 더 큰 본능에 마음을 빼앗겼다. 즉 적들의 공격으로부터 자신을 보호하려는 생존 본능에 휩싸여, 언덕까지 온 이유를 잊은 것이다.

침팬지도 거짓말을 할 줄 안다. 자신이 먹이를 묻어 놓은 곳을 다시 파려고 할 때 다른 침팬지가 오면 빈둥거리는 척 딴짓을 하다가 다른 침팬지가 주변을 떠나면 그때부터 다시 열심히 땅을 파서 결국 먹이를 찾아낸다.

원숭이와 침팬지는 지능이 높은 동물이라 거짓말을 하는 것이라고 생각할 수도 있다. 하지만 본능은 지능 이전에 작동한다는 것을 잊지 말자. 비교적 지능이 낮은 새조차 거짓말을 할 줄 안다. 무리 지어 생활하는 새의 경우 파수꾼 역할을 하는 새가 있다. 파수꾼의 원래 역할은 외부의 적이 다가왔을 때 경고 소리를 내 무리가 안전하게 피하도록 하는 것이다. 무리를 위해 희생하는 고귀한 존재이다. 그런데 무리가 머무는 곳에 먹이가 충분하지 않을 때는 파수꾼 역할을 하는 새가 자신이 먹이를 더 먹으려고 거짓말을 하는 고약한 놈이 된다. 가짜로 경고 소리를 내서 무리가 흩어지게 한 뒤 유유히 혼자 식사를 즐긴다.

새보다 훨씬 지능이 낮은 동부돼지코뱀은 위협을 당하면 몸을

인간만이 아니라도 원숭이와 침팬지를 비롯한 동물, 심지어 식물도 거짓말을 한다.

　거짓말쟁이의 뇌를 해부한다면

동그랗게 말고 혀를 길게 빼 죽은 척을 해 위기를 넘긴다. 인간이 보기에는 빨리 도망가지 않고 죽은 척하는 게 더 불리한 것처럼 보인다. 하지만 거짓말이 생존에 효과적이기에 거짓 연기를 한다. 하긴 높은 지능을 자랑하는 인간도 전쟁터에서 죽은 척하며 위기를 모면하지 않는가.

심지어 지능이 있다고 말하기도 뭣한 식물도 거짓말을 한다. 북아프리카 거울난초는 꽃이 피기는 하지만 꽃 안에 꿀이 없다. 벌들은 꿀을 찾아 돌아다니며 꽃가루를 묻혀 꽃의 생식을 도와준다. 그런데 꿀이 없으니 생존에 엄청 불리하다. 하지만 비장의 무기가 있다. 바로 거짓말이다. 꽃의 가운데 보랏빛 부분은 암컷 벌의 날개 모양이다. 꽃 주변의 붉은 털은 곤충의 배를 닮았다. 흥분한 말벌이나 다른 곤충이 달려들어 꽃가루를 묻히기 좋게 생긴 것이다.

엄청난 동물학자나 식물학자가 되어야만 생물의 거짓말 본능을 확인할 수 있는 것은 아니다. 집에서 키우는 반려동물의 행동을 관찰해 보자. 사료를 엎어 놓고는 시치미를 뚝 떼거나, 어딘가 올라가려다가 떨어져 놓고서는 아무 일도 없는 척하는 모습에서도 거짓말 본능을 확인할 수 있다.

인간은 언제부터 거짓말을 할까?

순진무구해 보이는 아기도 거짓말을 한다. 영국 리버풀대학교의 인류학자 로빈 던바는 영장류 연구를 통해, 어울리는 집단이 클수록 그리고 거짓말을 잘할수록 뇌가 더 크다는 사실을 찾아냈다. 인간의 경우 구석기 시대 이후 군집 생활을 했으며, 그 어떤 영장류보다 상호작용하는 집단의 크기가 크고 뇌도 크다. 이 말은 모든 생물 중 인간이 거짓말을 가장 잘한다는 뜻이다. 순진해 보이는 아기를 내보내도 1위를 할 수 있을 정도다.

9개월 된 아기도 다른 사람이 어떤 농담을 듣고 웃으면 말을 알아듣지 못해도 아는 척 따라 웃는다. 부모의 관심을 끌려고 일부러 울기도 한다. 돌이 되면 부모가 안 볼 때 장난감을 아래로 던지고 모르는 척하며 장난을 치기도 한다. 24개월쯤 언어를 배우기 시작하면서는 거짓말도 는다. 물론 잘하지는 못한다. 주로 말썽을 부리고 나서 "난 아니야" "몰라" 하는 정도로 단순하다.

36개월 이상이 되면 이야기를 만들기 시작한다. 몰래 과자를 먹으려고 주방으로 가다가 걸리고서는 "물을 마시러 왔는데 과자가 바닥에 떨어져서 줍고 있었어. 먹진 않았어"라는 식이다. 막 뜯은 과자 봉지를 든 채 과자 부스러기가 묻어 있는 입으로 당당히 말하는 모습이 귀엽지만, 거짓말은 거짓말이다. 그러나 아직은 초보자 수준이다. 거짓말 오디션에는 연륜이 쌓인 아이가 나가야 한다. 적어도 네 살이 넘은 아이!

캐나다 몬트리올 맥길대학교 심리학과 빅토리아 탈와 교수의 연구에 따르면 세 살과 네 살은 거짓말 능력 면에서 커다란 차이를 보인다. 탈와 교수는 카메라를 몰래 설치하고 아이를 관찰하는 실험을 했다. 실험자는 상자 안에 장난감을 넣고 소리만 들려준 뒤 아이에게 알아맞히라는 퀴즈를 냈다. 그러다 무슨 일이 있는 척 밖으로 나오면서 절대 상자 속은 보지 말라고 지시했다. 세 살, 네 살 아이들은 각각 어떻게 했을까?

아이들은 끝내 호기심을 억누를 수 없었다. 모두 상자 안의 장난감이 무엇인지 봤다. 실험자는 아이의 모습을 카메라로 밖에서 관찰했다. 그리고 일부러 복도에서부터 안으로 들어오는 소리를 크게 내서 아이들에게 준비할 시간을 주고 문을 열었다. 아이들은 깜찍하게 자기 자리에 앉았다.

실험자는 아이에게 퀴즈를 냈다. 세 살 아이나 네 살 아이 모두 의기양양하게 정답을 맞혔다. 실험자가 "혹시 내가 없을 때 상자 안을 본 거 아니야?"라고 진지하게 물어봤다. 세 살 아이는 즉시 진실을 고백했다. 하지만 네 살 아이들은 절반 이상이 거짓말을 했다. 여섯 살 무렵의 아이들은 95퍼센트가 거짓말을 했다.

그런데 왜 하필 네 살일까? 세 살까지는 자기 세계에만 빠져 지낸다. "내 거야.", "내가 할 거야"라는 말이 입에서 떠나지 않을 정도다. 하지만 네 살이 되어 지능이 발달하면 자기 세계 밖의 사람과 물건에 대한 생각이 커진다. 특히 다른 사람에게도 자기 세계가 있고 그 나름의 마음이 있음을 알게 된다. 이게 거짓말과 무슨 상관일까?

다른 사람도 자신이 보고 들은 것을 똑같이 알고 있다고 생각한다면 아이는 굳이 거짓말을 하려고 하지 않는다. 거짓말을 했더라도 진실이 드러날까 무서워 그냥 사실을 고백하게 된다. 하지만 다른 사람이 진실을 확인하기 어려우면 거짓말을 해도 괜찮다고 생각한다.

사실은 상자를 열고 장난감을 미리 봤지만, 실험자가 그 사실을 알 리 없다고 생각해 네 살배기는 거짓말을 한다. 속으로 마음에 드는 선물을 받았어도 넙죽 좋아하지 않고 괜히 심통 난 척 자기 방으로 들어가 맘껏 좋아해도 아무도 모를 거라 생각한다.

심리학자들은 세 살에서 네 살 사이에 마음이론theory of mind이 생긴다고 한다. 마음이론은 마치 심리학자가 마음에 관한 이론을 만드는 것처럼, 아이가 "마음은 이러이러하다"라고 생각하게 된다는 개념이다. 심리학자는 실험과 관찰, 설문 조사로 마음이론을 만들지만 아이는 그냥 감으로 이론을 만든다는 것에서 차이가 난다. 마음이론은 다양하다. 예를 들어 "아빠 머릿속은 텅 비어 있는 것처럼 보일 때가 많아"와 같은 것이 아빠의 마음에 대해 아이가 만든 이론이다.

마음이 어떠어떠하다는 생각이 너무 많이 생기다 보니, 동물에게도 마음이 있다고 아이는 생각하게 된다. 동물에게 마음이 있다는 게 너무 당연하다고 할 독자도 있을 것이다. 맞다. 중요한 것은 그렇게 생물에게 마음이 있다는 생각을 인간은 네 살 무렵

네 살짜리 어린아이는 마치 심리학자가 마음에 대해서 이론을 만드는 것처럼, 자기만의 "마음이론"을 만든다.

부터 갖게 된다는 점이다.

심지어 무생물적인 현상에도 마음이론을 적용하기도 한다. "저녁이 되니까, 해도 더 놀고 싶은데 집으로 돌아가는 것을 아쉬워하며 바다 밑으로 사라지네." 산에 가서 이상한 모양의 돌을 보면 각각의 마음이론으로 말하기도 한다. "이 돌은 누워서 편안하게 있는데, 저 돌은 화났는지 돌아서 있네."

자폐아는 상대를 불쾌하게 하려고 못된 마음으로 "냄새나요"라거나 "뚱뚱하다"라고 하는 게 아니다. 마음이론에 따라 자기가 본 것을 그대로 말할 때 상대가 불편해하리라 예상하지 못한 나머지 배려의 거짓말을 못하는 것일 뿐이다.

진화심리학과 발달심리학이 찾은 결론

지금까지 소개한 연구들은 심리학 중에서도 주로 진화심리학과 발달심리학 분야에서 나왔다. 진화심리학은 인간의 뇌에서 마음이 만들어진다는 점에 주목한다. 인간의 뇌는 단순 생명체에서 영장류를 거친 오랜 진화의 결과물이다. 그런데 현대인의 뇌와 원시인의 뇌는 크기와 작동 방식에서 크게 다르지 않다. 그래서 진화심리학자는 원시 상황에서 우리

> **진화심리학**
>
> 인간과 동물의 심리를 진화학적인 관점에서 이해하려는 학문. 인간의 많은 심리가 어떤 근원을 가지는지, 어떤 생존 본능에서 비롯한 것인지 등을 밝히는 연구를 수행한다.

조상이 어떤 방식으로 행동했는지를 연구해 인간 마음의 본질과 현대인을 이해하려고 하고 있다.

인간이 지금과 같은 뇌를 갖추게 된 구석기 시대, 즉 50만 년 전부터 5만 년 전 사이 인류의 조상은 간단한 언어로 의사소통을 시작했다. 거짓말은 그때부터 탄생했다. 현대의 사기꾼처럼 풍성하게 말을 쏟아내지 않더라도 거짓말은 가능했다. 먹을 것이 있는 곳을 알면서도 입을 닫고 일부러 다른 곳을 찾는 시늉을 한다거나 불만이 있는데도 상대의 힘이 무서워 좋다는 표정을 짓는 것도 거짓말이다.

거짓말은 언어와 인지 발달에 큰 영향을 줬고, 궁극적으로 인간의 생존에 도움을 주었다. 무리 생활에는 먹을 것, 잘 곳, 누릴 것, 사랑할 대상 등이 제한되어 있어서 생존을 위한 경쟁자가 늘 있었다. 그래서 경쟁에 유리하다면 거짓말하는 기술을 써야 했다. 거짓말을 잘하는 구성원은 갈등을 일으킬 때도 있었으니 무리는 거짓말쟁이를 탐지하는 기술을 써야 했다. 인간 사회가 점점 더 복잡해지면서 거짓말 기술은 더 발달했다. 그렇게 현대에 이른 것이다. 이렇듯 진화심리학에서는 거짓말이 인간의 생존을 위해 만들어진 본능이라고 말한다.

발달심리학의 연구 결과도 거짓말을 자연스러운 발달 과정으로 본다. 네 살 이후 아이들은 자신감을 갖고 거짓말을 한다. 거짓말의 양이 폭발적으로 늘어난다. 그러나 가족이나 유치원 등 주변에서 반응을 얻을 기회도 늘어난다. 거짓말을 많이 하면 사람들의 신뢰와 인기를 얻을 수 없고 긍정적인 배려를 받기 힘들며, 부정적 처벌을 더 많이 받게 된다는 사실을 깨닫는다.

오벌리대학교의 낸시 달링 박사를 비롯한 발달심리학자들은 아이의 정상적인 발달을 위한다면 "기를 죽이면 안 된다"며 무조건 감싸 주거나, "한때 저러다 말 것이니 넘어가자"며 방치해서는 안 된다고 주장한다. 거짓말에는 대가가 따른다는 사실을 느끼게 해주고, 아주 곤란한 상황일수록 진실을 말하는 게 더 효과적이라는 사실을 느끼게 해줘야 한다고 말한다.

남들을 속이는 범죄자조차 자기끼리는 서로 믿고 의지한다. 거짓과 진실이 복잡하게 연결되어 있는 게 인간이 사는 세상의 모습이다. 다만 복잡한 패턴 속에서도 거짓말과 진실에 대한 원칙은 있어야 한다.

정상적인 인간으로 살아가려면 거짓말을 할 수밖에 없다. 다만, 미국의 제16대 대통령 에이브러햄 링컨의 말처럼 "진실이 최선의 방책"이라는 사실을 잊지 말아야 한다. 자기 자신의 성장을 위해서나 대인관계를 위해서나.

나도 모르게 하는 거짓말

우리는 왜 거짓말을 하지 않고서는 살 수 없을까? 그리고 거짓말은 모두 나쁜 걸까? 의도적으로 거짓된 이야기를 하는 경우를 떠올려 보자.

영화 〈유주얼 서스펙트〉1995를 보면 범죄 용의자가 된 주인공이 주변 사물을 보면서 그때그때 떠오르는 단어를 조합해서 그럴듯한 이야기를 만들어 위기를 모면하는 장면들이 이어진다. 이 경우에는 남을 속일 의도가 명확하다. 주인공은 어떤 것이 유리하고 어떤 것이 불리한지 이리저리 머리를 굴려 가며 판단하면서, 목표를 조절해 가며 거짓말을 한다. 이렇게 자신의 이익을 위해 진실을 왜곡하는 것은 '나쁜 거짓말'이다.

그러나 특정한 의도로 지어내더라도 나쁘지 않은 거짓말이 있다. 바로 예술가가 작품을 통해서 하는 거짓말이다. 작가는 의도적으로 허구의 세계를 만들어 등장인물들의 삶을 이야기한다. 배우는 실제 자기 모습과 다른 배역에 맞게 매우 의도적으로, 정교하게, 구체적으로 그럴듯하게 연기한다.

진실을 위한 거짓말

예술가는 작품 속 거짓말을 풀어 놓을 때 전두엽의 판단에만 의지하지 않는다. 그저 뭔가가 떠오르는 대로 몰입한 상태에서 창작한다. 심지어 이성적인 판단을 하지 않기 위해 술이나 약에 의지하는 예술가도 있다. 물론 그때는 전두엽만이 아니라 다른 부위까지 손상되어 사고력, 감각 등에 문제가 생겨 창작 자체를 하지 못하는 경우가 더 많다.

예술가는 자기가 거짓말을 하고 있다는 것을 안다. 그런데 목적이 분명하다. 거짓말로 보여 주고 싶은 진실이 있다. 예술가는 저마다 생각하는 진실을 주제로 작품을 만든다. 진실이 더 잘 드러나게 작품을 꾸민다. 결국 예술가의 거짓말은 '진실을 위한 거짓말'이라고 할 수 있다. 예술가의 거짓말은 무엇보다 듣는 사람이 거짓말인 줄 이미 잘 안다는 점에서 다른 거짓말과 큰 차이가 있다.

> **전두엽**
>
> 대뇌의 앞쪽에 있는 부분이다. 대뇌에서 가장 큰 피질이며 모든 감각이 이곳으로 모인다. 언어 기능과 기억력, 사고력, 판단을 주관한다.

기억이 왜곡되어 하는 거짓말

일상에서는 거짓말을 한다고 해도 어떤 사람을 고소하거나 법정에서 증언할 때만큼은 진실을 이야기해야 하지 않을까? 현대사회에서는 나쁜 의도로 거짓 고소를 하면 무고죄, 거짓 증언을 하면 위증죄로 엄하게 다스리고 있다.

그런데 기억심리학의 연구 결과에 따르면 인간은 누군가를 고소하거나 증언할 때도 의도하지 않게 거짓말을 할 수 있다. 이 사실을 밝혀낸 대표적인 연구가 심리학자인 엘리자베스 로프터스 박사의 목격자 증언 연구다.

목격자 증언이란 말 그대로 목격자가 자신의 기억을 토대로 하는 증언이다. 그런데 문제는 악의가 있거나 없거나, 그 사람이 자신의 기억을 확신하거나 말거나 간에 기억 자체가 왜곡될 가능성이 크다는 점이다. 로프터스 박사는 실험으로 이 사실을 증명했다.

로프터스 박사는 참가자들에게 자동차 사고 영상을 보여 주고 나서 마치 법정에서처럼 질문했다. 한 집단에게는 "자동차들이 충돌하기 전에 어느 정도 속도로 달리고 있었죠?"라고 물었고, 다른 집단에게는 "자동차들이 서로 접촉하기까지 어느 정도의 속도로 달리고 있었죠?"라고 물었다.

두 질문의 차이는 아주 작다. 단지 '충돌'이라는 말이 쓰인 앞 질문이 더 격한 느낌이 들 뿐이다. 결과는 어땠을까? 충돌이라는 단어가 쓰인 질문을 받은 집단은 자동차의 속도가 더 빨랐다고 대답했다. 그리고 일주일 후 추가 질문에는 사고 현장에서 유리 파편을 보았다고 대답하기도 했다. 그러나 그들이 본 영상에는 유리 파편이 없었다. 추측에 따라 기억을 왜곡해 대답한 것이다. 자신에게 유리하게 만들려는 어떤 의도를 갖고 그런 게 아니라 의도하지 않은 거짓말을 한 셈이다.

흔히 기억은 도장을 찍는 것처럼 우리 뇌에 저장되는 것이라고 생각한다. 사실은 그렇지 않다. 어떤 일을 기억하려면 일단 우리의 시각, 청각, 촉각, 미각 등 감각 기관을 거쳐야 한다. 그런데 사람마다 감각의 민감성과 정확성은 다르다. 시각이 더 예민한 사람은 어떤 사건에서 들린 소리를 잘 구별해 내지 못할 수도 있다. 그러면 불확실한 정보를 어떻게든 설명하려고 이야기를 의도하지 않게 꾸며 낼 수 있다.

그뿐만이 아니다. 사실 모든 사람은 자기 중심적으로 정보를 처리한다. 똑같은 동네를 산책해도 먹는 것을 좋아하는 사람은 음식점 간판을 먼저 보거나 음식 냄새를 더 강하게 맡고, 꽃을 좋아하는 사람은 길가의 꽃을 먼저 보고 꽃 냄새를 더 집중해서 맡는다. 보고 들은 것을 있는 그대로 저장하는 게 아니다. 애초 기억할 대상부터 사람에 따라 달라진다.

심리학 연구 덕분에 억울하게 목격자 증언만으로 누명을 쓴 사람도 줄어들게 되었다. 기억에만 의존해서 엉뚱한 사람을 고소

기억은 도장을 찍는 것처럼 정확하게 저장되지 않는다. 기억 속에서 사건은 여러 감각 기관을 거치며 왜곡되고 윤색된다.

하는 것도 조심하게 되었다. 이제는 법정에서는 순전히 목격자의 진술만을 가지고 판단을 내리지 않는다. 증인이 누군가에게 돈을 받고 의도된 거짓말을 할 가능성도 있기 때문이다. 심리학이 발달한 영국이나 미국 모두 법정에서는 목격자 증언에 너무 무게를 두지 말라고 배심원에게 주의를 준다.

한국에서도 일반인이 배심원으로 참여하는 국민참여재판이 시행되고 있다. 여러분도 나중에 배심원이 될 수도 있다. 또는 남이 한 증언 때문에 억울한 상황에 처할 수도 있다. 그때 이 사실을 기억하자. 모든 기억은 왜곡되기 쉽다.

자백이라고 다 같은 게 아냐

목격자의 증언을 믿을 수 없다면, 범죄자의 자백은 얼마나 믿을 수 있는 것일까? 자기에게 손해를 끼치는 자백을 거짓말로 할 리가 없으니 범죄자가 하는 자백은 진실이리라 생각하기 쉽다.

모든 재판은 피의자가 유죄가 아니라 무죄라고 가정하고 시작한다. 인간의 기본적 권리를 보호하기 위해서다. 이것이 100명의 범죄자를 놓쳐도 한 명의 억울한 누명을 쓴 피해자를 만들어서는 안 된다는 생각에서 만들어진 '무

> **범죄자와 피의자**
>
> 고소를 당한 사람은 아직 범죄자가 아니다. '범죄를 저질렀다고 의심을 받는 사람'이라는 뜻을 가진 피의자이다. 재판을 거쳐서 진실이 드러나고 죄가 밝혀져야 '범죄를 저지른 사람'인 범죄자가 된다.

죄추정의 원칙'이다. 세상에는 거짓말쟁이가 많고 그 거짓말쟁이 때문에 억울한 누명을 쓰는 상황을 떠올리면 이 무죄추정의 원칙이 얼마나 소중한지 느낄 수 있다.

그런데 자백이란 무엇인가? 자신이 죄를 저질렀다고 스스로 털어놓는 게 아니던가? 우선 피의자가 정말로 범죄를 저지른 상태, 즉 자백이 진실일 때부터 생각해 보자.

경찰이 자백에 매달리는 이유는 다른 증거가 뚜렷하게 없어서다. 피의자가 무죄로 풀려나기 유리한 상황이다. 하지만 중요 범죄와 관련된 피의자는 대부분 밖에서 자유롭게 생활하는 상태에서 심문받지 않는다. 경찰은 범인을 붙잡아 두고 이것저것 질문을 하며 심리적으로 압박한다. 범인은 점차 경찰이 계속 캐묻는 상황에 익숙해지게 된다. 그러면서 미국 심리학자 토머스 길로비치가 말한 '투명성의 착각illusion of transparency'에 빠진다. 이는 자신이 하는 생각을 상대가 투명하게 모두 들여다본다는 착각에 빠지는 상태를 가리킨다.

"코끼리를 생각하지 마!"

여러분은 이 문장을 보고 어떤 생각이 났는가? 코끼리부터 생각나고, 그것과 연관된 여러 생각이 걷잡을 수 없이 이어진다. 아무리 해도 멈출 수 없다. 이런 질문을 하듯 경찰이 다그치면 심문

받는 범인은 다른 생각을 할 틈이 없어진다. 계속되는 긴장에서 벗어나고 싶어진다. 그러다가 숨기려 애썼던 생각이 입으로 나오기 시작한다. 이렇게 술술 자백하게 되는 것이다.

그렇다면 거짓된 자백은 어떻게 나오는 것일까? 죄가 없는 사람도 수사관이 고문하거나 협박한다면 당장 스트레스에서 벗어나려고 거짓된 자백을 하는 경우가 많다. 그래서 법정에 섰을 때 자백한 사실을 판사가 확인하기 위해 물으면 조사 과정에서 고문을 받았다고 주장하거나 가혹 행위와 협박을 받은 사실을 증명할 증거를 돌발적으로 보여 주기도 한다.

화성연쇄살인사건의 범인으로 몰려 억울한 옥살이를 한 사람이 있다. 그는 8차 사건의 범죄자로 자백해서 형벌을 받았다. 그러나 30여 년이 훌쩍 지나 진범인 이춘재가 자신의 범행을 전부 털어놓으면서 당시 자백이 강요된 거짓말이었음이 밝혀졌다.

외국의 경우 판결을 내린 다음 배심원들에게 후기를 물어보면 "자백이 그렇게 영향을 주지는 않았다. 객관적으로 판단하려고 노력했다"라고 대답한다. 하지만 미국 뉴욕 형사사법대학의 허위자백 전문가인 솔 케이신과 심리학자 리사 헤이젤의 연구에 따르면 사람들은 자백에 결정적으로 영향을 받는다. 배심원 스스로 자백에 영향을 받지 않았다며 아무리 우기더라도 말이다.

케이신과 헤이젤 교수가 실시한 연구에서 실험자는 참가자들에게 물건을 잠시 가지러 나갔다 오겠다고 말하며 실험실을 비웠다. 참가자들이 무덤덤하게 기다리는 약 30초 사이 어떤 사람이 실험실에 들어와 실험자 책상 위에 있던 노트북을 훔쳤다. 나중에 실험자가 돌아와 짐짓 놀란 척하면서 노트북이 없어졌다고 말했다. 실험 참가자는 졸지에 도난 사건의 증인이 되었다.

잠시 후 실험자는 참가자들에게 6명의 용의자를 보여 줬다. 그리고 참가자들에게 일렬로 늘어선 용의자 중 1명을 지목하게 했다.

이튿날 실험자는 참가자를 다시 불렀다. 실험자는 6명 중 1명이 자백했다고 말했다. 그런데 이 실험에는 속임수가 있었다. 자백한 사람은 사실 참가자들이 목격한 도둑이 아니었다. 하지만 자백이 있었다고 하자 전날 진짜 도둑을 지목한 사람의 60퍼센트가, 자백했다고 하는 가짜 도둑이 진짜 도둑이라고 마음을 바꿨다. 애초에 진짜 도둑을 지목하지 않은 사람의 절반도 자백한 가짜 도둑이 진범이라고 마음을 바꿨다. 심지어 그 가짜 도둑이 진범일 수밖에 없는 이유까지 찾아서 말했다.

어떻게 이런 일이 벌어질 수 있을까? 작화증 환자나 심각한 사기꾼이 아닌 일반인들도 그럴듯한 이야기를 자연스럽게 꾸며 내기를 잘하기 때문이다.

또 다른 실험도 있다. 스웨덴의 인지심리학자인 라스 할과 페터 요한손은 마술사의 카드 트릭을 이용하는 실험을 했다. 실험자는 참가자들에게 사람들의 얼굴을 찍은 사진 2개를 동시에 보여

법정에서 거짓 자백은 배심원들의 판단에 커다란 영향을 끼쳐 의도하지 않은 거짓말을
하게 한다.

주고 이상형 월드컵을 하듯이 마음에 드는 사진을 하나 고르라고 했다. 그는 참가자가 고른 사진을 옆에 차곡차곡 쌓아 놓았다.

그런데 이 실험에도 속임수가 있었다. 사진을 옆에 놓을 때 앞면이 밑으로 가게 뒤집어서 사진을 바꾼 것이다. 즉 참가자들이 선택했다고 모아 놓은 사진 모둠은 사실은 선택받지 못한 모둠이었다. 실험자가 나중에 바꿔치기한 가짜 선택 모둠의 사진을 하나씩 꺼내며 참가자에게 선택한 이유를 말하도록 했다. 참가자들은 눈, 턱선, 코, 분위기 등 갖가지 이유를 들어가며 설명했다. 자기의 원래 선택과 전혀 다른 사진을 보고도 왜 좋아서 선택했는지를 꾸며 낸 것이다. 물론 의도적이지 않게 거짓말한 것이기는 하다. 그래도 거짓말은 거짓말이다.

거짓말을 할수록 건강해진다고?

세상에는 아무에게도 해를 입히지 않을 뿐 아니라 오히려 모두에게 유익한 거짓말도 있다. 바로 플라세보placebo다. 플라세보는 한때 '가짜 약'이라는 뜻의 위약偽藥으로 번역했지만, 원래 단어의 취지와 다르게 부정적인 느낌이 더 강하기 때문에 플라세보로 더 많이 번역한다.

플라세보 효과는 실제 약효 성분이 없는 약을 먹었는데도 마치 진짜 약을 복용한 것처럼 통증이 가라앉는 현상을 말한다. 심리학과 의학에서는 플라세보 효과를 활발히 연구하고 있다. 부작용이 있는 약을 쓰는 것은 부담이지만, 약 성분이 없는 플라세보로 원하는 효과를 얻을 수 있으면 더 좋기 때문이다.

건강에 이로운 착각, 플라세보

미국 컬럼비아대학교 의과대학 심장 전문의인 마틴 레온 박사는 플라세보 효과를 알아보는 아주 도발적인 실험을 했다. 심장병으로 고생하는 환자들에게 미리 동의를 얻어 수술을 해주겠다고 하고, 수술 진행 과정과 효과를 설명하는 영상을 보여 준 다음 진정제를 줬다. 환자는 진정제 때문에 잠에 들었다. 잠에서 깨어난 환자에게 레온 박사는 수술이 잘되었다고 말했다. 심장 전문의가 수술이 잘되었다고 하니 환자는 기뻐했다.

레온 박사는 1년 후에 그 환자들의 상태를 추적해서 연구했다. 심장병 관련 증상이 많이 호전되어 있었다. 레온 박사는 깜짝 놀랐다. 1년 전 실제로 수술을 받은 환자와 가짜 수술을 받은 환자를 비교했더니 실제 수술 받은 사람과 별 차이가 없었다.

레온 박사의 연구를 보면 굳이 수술이나 약을 먹지 않아도 될 것 같다. 하지만 현실은 다르다. 심장병에는 효과가 있다 해도 플라세보로 암이나 에이즈를 고쳤다는 말은 없다. 뼈가 부러졌는데도 '내 뼈는 말짱하다'고 아무리 믿어도 뼈가 붙을 수는 없다. 다만 골절이나 관절염 등으로 겪는 통증을 줄일 수는 있다. 이처럼 플라세보 효과가 생기는 병의 범위는 아주 제한적이다. 그래서 심리학자와 의학자가 조심스럽게 연구하고 있다.

미국 노스웨스턴대학교 의과대학 재활의학연구소의 마르완 발리키 박사와 바니아 아프캐리언 박사의 연구에 따르면 뇌의 중간이마이랑middle frontal gyrus이 플라세보 효과와 많은 연관이 있다. 이 부위는 감정과 결정을 담당하는 부위다. 연구자들은 퇴행성 무릎 관절염 환자들을 모아서 일부 환자들에게는 진통제를, 일부 환자들에게는 설탕으로 만든 가짜 약을 투약했다. 그러고 나서 기능성자기공명영상fMRI을 통해 뇌가 어떻게 반응하는지 관찰했다.

영상으로 진단한 결과, 플라세보를 먹은 환자는 앞이마에 해당하는 부위 안의 중간이마이랑이 활성화되었다. 진통제를 먹은 사람들은 이 부위가 활성화되지 않았다. 실제 약효가 있으니 다른 부위가 활성화되었다. 그런데 플라세보를 먹은 환자들이 약효를 보려면 중간이마이랑이 활성화되어야만 했다.

플라세보 효과를 얻으려면 일단 약효를 믿어야 한다. 결국 믿음이 약인 셈이다. 그 믿음이라는 감정과 믿겠다는 결정이 일어나는 부위가 바로 중간이마이랑이다.

오리건대학교의 앤 헬름 박사의 연구에 따르면, 의사가 쓰는 전체 처방전의 30퍼센트에서 35퍼센트는 부작용을 걱정하지 않아도 되는 플라세보라고 한다. 플라세보 효과만으로 대부분 몸이 나아지고, 그렇지 않을 때 실제 약효가 있는 약을 처방하는 경우가 더 많다는 뜻이다.

약사도 플라세보가 무엇인지 안다. 미국 제약협회에서는 플라세보 처방전을 가지고 환자가 약국을 찾았을 때 "플라세보"라는

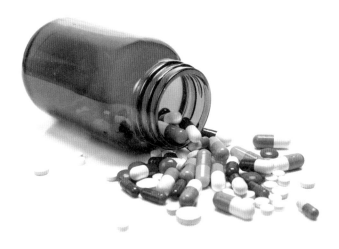

약에 대한 심리적 기대만으로 치료 효과를 보이는 플라세보 효과는 심리학과 의학의 주요한 연구 주제다.

말을 쓰지 않도록 하고 있다. 대신에 다음과 같이 말하라고 권장한다. "일반적으로는 더 약효가 강한 것을 쓰는 경우도 있지만, 의사 선생님이 이번에는 이 정도로 충분하다고 생각해서 처방하신 것 같아요." 약사도 가짜 약이 효과 있다는 것을 아니까 선의의 거짓말에 참여한다.

건강에 해로운 착각, 노세보

플라세보가 좋은 거짓말이라는 사실은 확인했다. 그런데 세상에는 노세보nocebo라는 거짓말도 있다. 노세보 효과는 플라세보의 정반대 개념이다. 플라세보가 실제로는 약효가 없는 것을 약효가 있다고 믿음으로써 효과를 얻는 것이라면, 노세보는 실제로 약효가 있는 것도 그렇지 않다고 믿음으로써 효과를 얻지 못하는 것을 가리킨다.

노세보 효과는 1961년 미국 의학자인 월터 케네디가 처음 소개한 개념이다. 그는 아이티섬에서 부두교 주술사에게 저주 받은 사람이 공포에 떨며 부정적인 믿음을 가지다가 결국 죽음에 이른 현상을 보고 이 개념을 떠올렸다.

어떤 병원에 가서 제대로 된 감기약을 처방받았어도 부정적인 믿음을 가지면 약효를 얻기 힘들다. 노세보는 단지 약효가 없는 수준에서 멈추지 않기 때문에 더 문제다. '이 약을 먹으면 난 잠을 못 잘 거야'라고 생각하면 잠을 못 자게 된다.

영국 심리학자 어빙 커시는 대학생들을 대상으로 노세보 효과를 실험했다. 교수는 실험 참가자들을 무해한 공기에 노출시킨 후 공기에 독소가 있다고 거짓말했다. 그리고 한 집단에게는 공기를 마시고 고통스러워하는 여성의 모습을 보여 줬다. 그 모습을 본 사람들은 실제로 고통을 더 많이 호소했다. 실제로는 무해한 공기였지만 말이다. 고통스러워하는 모습을 보여 주지 않은 다른 집단에서는 부정적 믿음이 생기지 않아서 고통을 호소하는 사람이 거의 없었다.

건강에 신경 쓰는 것은 나쁘지 않다. 어떤 음식이 몸에 좋고 나쁜지 아는 것은 중요하다. 그런데 "이 음식을 먹으면 어디에 나빠"라는 정보를 더 많이 갖고 있으면 어떻게 될까? 음식을 먹을 때마다 부정적인 믿음을 갖게 될 가능성이 크다. 부정적인 믿음은 실제로 몸이 안 좋아지는 노세보 효과를 만든다.

노세보 효과의 가장 대표적인 예는 건강염려증이다. 현재 인구의 1~5퍼센트가 건강염려증을 앓는 것으로 추정되고 있으며, 병원을 찾는 전체 환자의 15퍼센트가 진단될 정도로 건강염려증은 흔하다.

건강염려증에 빠지면 사실 뚜렷한 질병에 걸린 상태

건강염려증

건강염려증은 특정 증상에 지나치게 집착하면서 심각한 질병에 걸렸다는 비현실적인 공포와 믿음에 사로잡히는 신경증적인 상태다. 해당 증상의 지속 기간이 6개월 이상인 경우에만 건강염려증으로 진단하기도 한다.

가 아니기에 여러 검사를 해도 이상을 찾을 수 없다. 환자는 자신이 어떤 병으로 아픈지 확인하려고 검사를 계속한다. 원하는 질병명이 안 나오면 병원을 바꾸거나, 진료 과목을 바꿔 가면서 매달린다. 몸과 마음이 더 나아지려고 노력하는 게 아니라, 부정적인 믿음이 맞는지 확인하려고 몸과 마음을 더 괴롭힌다는 점에서 노세보 효과는 잘못된 믿음이다.

기억을 없애는 약

거짓을 믿게 만드는 약도 있다. 이름하여 망각약이다. 세상에는 치매 환자와 학생들을 위해 기억을 더 잘하게 하는 약도 있지만, 기억을 없애는 약도 있다. 망각약은 기억의 중추적인 역할을 하는 뇌 속 해마의 활동을 억제해서 기억을 삭제하는 효과를 낸다. 제약 회사 호프만라로슈에서 만든 버스드Versed가 대표적인 망각약이다. 혈압약의 일종인 프로프라놀롤Propranolol도 고통스러운 기억에 망각 효과가 있다고 한다.

기억력을 높이려고 다들 열심인데 왜 망각약을 먹느냐고 고개를 가로저을 수도 있다. 그런데 세상에는 잊고 싶은 사건과 사고가 많다. 큰 사건과 사고를 겪거나 이별을 경험한 사람이라면 장시간의 심리치료보다 일단 급하게 약을 먹고 안 좋은 일을 완전히 잊고 싶어 한다. 기억보다는 망각을 원하는 사람이 있다 보니 망각약 연구는 계속되고 있다.

잊고 싶은 기억만을 골라 일부러 망각하면 심각한 사회적·윤리적 문제를 일으킬 우려가
있다.

그러나 망각약은 범죄자나 사악한 증인이 악용할 위험도 있다. 의도된 거짓말을 할 때의 부자연스러움을 걱정하는 범죄자와 증인이 진짜 기억을 없앤 뒤 기억이 전혀 나지 않는다며 솔직한 거짓말을 할 수도 있다. 사실 지금도 몇몇 범죄자와 나쁜 증인들은 망각약을 왕창 먹은 것처럼 이렇게 법정에서 말한다.

"기억이 나지 않습니다."

자신이 범죄를 저지르지 않았다고 잘라 말하면 위증죄로 처벌될 수 있으니 교묘하게 기억이 나지 않는다고 잡아뗀다. 기억 자체가 왜곡될 수 있음을 사악하게 이용하는 셈이다.

알약의 색깔과 크기가 중요한 이유

제약회사에서는 약효를 높이기 위해 색깔에도 신경 쓴다. 커다란 빨간 캡슐에 넣은 항생제와 뿌연 회색 캡슐에 넣은 항생제 중 어떤 것이 더 약효가 있을까? 의학적으로는 캡슐에 똑같은 가루가 들어가니 차이가 없어야 한다. 하지만 심리적으로는 다르다. 빨간색이 바이러스에 감염되어 긴급 상황에 처한 내 몸에 더 잘 들을 것 같다. 그래서 항생제는 빨간색이 들어가는 경우가 많다.

우울증 약은 마음을 편안하게 해주기 위해 주로 노란색으로 제조된다. 수면제는 주로 하얀색이나 푸른색을 띤다. 단 이탈리아에서는 예외다. 축구를 좋아하는 이탈리아에서는 대표팀의 전통적 유니폼인 파란색 상의와 흰색 하의를 연상시키는 약 색깔을 보면 오히려 더 흥분하기 때문이다.

위궤양 치료제는 하얀색이다. 붕대처럼 상처를 막아 주기를 바라는 마음에 딱 맞아 떨어진다. 인체에 무해한 색소를 넣어 다른 느낌의 약을 굳이 만들려고 하지 않는다. 마케팅으로 유리하게 튀려고 하다가 플라세보 효과를 주지 못하면 약 자체가 팔리지 않기 때문이다.

약의 크기도 중요하다. 큰 알약을 먹으면 중간 크기의 알약을 먹었을 때보다 더 효과가 있다. 실제 약효가 없는 플라세보의 경우에도 그렇다. 참고로, 약물 남용을 걱정하는 제약회사는 소화제, 진통제 등 의사의 처방 없이 살 수 있는 약의 경우 실제 약 성분은 전체 크기에서 몇 퍼센트 안 되게 제조한다. 크게 만들어야 더 약효가 있다는 환자의 기대에 맞추기 위해서다.

아예 크기를 작게 만들어서 엄청난 약효가 있는 것처럼 느끼게 할 수도 있다. 그래서 약은 크기가 제각각이다. 강력한 약효를 가지고 있다고 믿게 할 필요가 있을수록 반 개로 잘라 넣거나 애초에 작게 만든다.

의사와 약사가 좋은 의도로 플라세보라는 거짓말을 하는 것이라 해도 환자는 불안할 수 있다. 그래서 병에 대해 집요하게 캐물으면 의사와 약사는 나중에 의료사고 책임을 지지 않기 위해 약의 부작용부터 수술 실패라는 최악의 상황까지 부정적인 정보를 왕창 전달하기도 한다. 그러면 노세보 효과가 일어난다.

어떤 의사와 약사는 일반인이 알아듣기 힘든 전문용어를 쓰며 막연한 희망을 주기도 한다. 그런데 이것도 심하게 하면 문제다. 실제로 검증된 의학 지식이 아니라, 물파스로 신경신호를 바꿔서 중풍을 낫게 한다는 등 꿈같은 기대를 갖게 하는 사이비 의학을 퍼뜨리기 때문이다.

긍정적 기대와 믿음을 갖는 것과 잘못된 사이비 믿음을 갖는 것은 전혀 다르다. 의학이 발달한 세상에서는 믿을 만한 권위자의 믿을 만한 지식에 의지해도 충분히 긍정적인 믿음을 가질 수 있다. 검증되지 않은 것까지 억지로 찾아서 믿으려 하지 않아도 된다.

자존감을 높이는 거짓말, 피그말리온

그리스 신화에서 조각가인 피그말리온은 자신의 이상형에 맞는 여인상을 조각해 '갈라테이아'라는 이름을 붙이고, 신에게 제물을 바치며 조각상이 진짜 여자로 변하게 해달라는 소원을 빌었다. 그리고 집에 돌아왔더니 조각상이 진짜 여자로 변했다.

이 이야기에 감동받은 심리학자들은 '이상형을 정해서 긍정적인 마음을 갖고 계속 빌면 실제로 그 이상이 이뤄진다'는 피그말리온 효과를 제시했다. 학문적으로는 해당 효과의 내용을 강조하는 '자기실현적 예언 효과'라거나, 연구자의 이름을 딴 '로젠탈 효과'라고도 한다. 그러나 쉽게 이해하기 위해 피그말리온 효과라는 말이 가장 많이 쓰인다.

성적이 쑥쑥 오르는 피그말리온 효과

심리학자인 로베르트 로젠탈은 레노어 F. 제이콥슨과 함께 초등학생을 대상으로 실험을 했다. 학생들에게 지능검사를 하게 하고, 담임 선생님에게는 앞으로 성적이 오를 학생을 추적해서 알아보기 위한 기본 검사라고 했다. 그리고 지능검사 점수를 담임 선생님에게 알려줬다. 그런데 사실 이 검사는 거짓말이었다. 연구자들은 검사 결과와 상관없이 무작위로 점수를 주고, 높은 점수를 받은 학생들의 명단을 담임에게 전달했다. 연구자들은 담임에게 지능검사에서 좋은 점수를 받은 학생이 몇 개월 안에 성적이 나아질 것이라 말해 줬다.

몇 달 뒤 놀랍게도 담임에게 전달했던 지능검사 우수자 명단 안에 있던 학생들의 성적이 실제로 올랐다. 지능검사 우수자 명단은 가짜였는데도 효과가 있던 것이다. 로젠탈과 제이콥슨은 담임 선생님이 학생들에게 가졌던 기대가 좋은 성과를 만든 원인이라고 해석했다. 그리고 담임 선생님의 긍정적인 말에 학생들이 자극을 받아 그 기대에 맞추려 노력했기 때문에 성적이 향상되었다고 해석했다.

부정적인 마음이 만드는 골렘 효과

학교에 피그말리온 효과를 믿는 선생님이 많아서 학생들에게 긍정적 기대를 갖기만 하면 학생들이 공부를 더 잘할 수 있을 것 같다. 그런데 현실에는 피그말리온 효과만 있는 게 아니라 골렘 효과Golem Effect도 있다.

골렘 효과는 부정적인 기대가 부정적인 결과를 만드는 경우를 말한다. 이 효과는 로젠탈이 유대교 랍비가 별 기대 없이 만든 골렘이 문제를 일으켰다는 전설에서 이름을 따왔다. 전설 속 골렘은 진흙이나 돌 같은 무생물이 인간의 형태로 뭉쳐져서 움직이는 괴물이다. 주로 둔하고, 힘이 세고, 멍청하다. 현대 히브리어에서도 골렘은 '멍청한 사람', '도움이 되지 않는 사람'이라는 뜻으로 쓰이고 있다.

앞서 가짜 지능검사에서 높은 점수를 받은 학생들의 성적이 좋아졌다고 설명했다. 반대로 가짜 지능검사에서 낮은 점수를 받은 학생들은 어땠을까? 그들의 성적은 떨어졌다. 피그말리온 효과의 반대 결과가 나온 셈이다. 그래서 로젠탈은 이런 현상을 설명하기 위해 과거 전설 속 캐릭터를 인용해서 '골렘 효과'라고 이름 붙였다.

낙인을 찍으면 생기는 일들

부정적 기대를 하고 있으면 은근슬쩍 기대를 별로 하지 않는 수준에서 멈추는 게 아니라, 상대방에게 부정적인 '낙인'을 찍기도 한다.

"머리가 나쁜 네가 뭘 잘하겠냐? 이번에도 못 할 줄 알았어. 네가 하는 일이 항상 그 모양이지, 뭐." 이런 식으로 편견을 갖고 대하는 사람을 만나다 보면 기운이 쪽쪽 빠져서 실제로 일을 잘하기 싫어진다. 결국 그 사람의 말대로 정말 아무 일도 제대로 못하게 된다. 이렇게 편견이나 고정관념에 따른 부정적인 낙인이 찍혔을 때 실제로 나쁜 쪽으로 변해 가는 현상을 '낙인 효과' 혹은 '스티그마 효과'라고 한다. 스티그마는 고대 사회에서 노예나 죄수, 범죄자 등의 신체에 찍는 낙인을 가리키는 말이었다. 표현만 다를 뿐 똑같은 개념이다.

정체성 혼란으로 반항하는 청소년을 비행청소년이라고 낙인을 찍으면, 더 나쁜 짓을 벌이는 것도 낙인 효과 때문이다. 반대로 "너는 그런 나쁜 짓을 할 애가 아니야. 좋은 아이야"라고 낙인을 없애 주거나 좋은 낙인을 찍어 주면 상황이 나아지기도 한다.

낙인 효과에 관한 이론은 교육 분야 이외에 사회 분야에도 큰 영향을 주었다. 미국의 심리학자 하워드 베커의 연구에 따르면, 처음 범죄를 저지른 사람에게 범죄자라는 낙인을 찍으면 결국 스스로 범죄자의 정체성에 갇혀 재범을 저지를 가능성이 커진다. 그래서 초범에게는 관용을 베푸는 게 사회적으로도 좋다는 근거를 낙인 이론이 만들었다. 초범의 경우 해당 범죄자가 사회의 좋은 일원이라는 정체성을 지키고 더 잘살려는 마음을 갖게 되면 결국 사회적으로 더 좋은 것이다. 다시 범죄를 저질러 감옥으로 간 사람들이 정상적인 사회 구성원으로 살아갈 수 있도록 정체

부정적 기대에서 그치지 않고 낙인을 찍으면 실제로 부정적 행동이 강화된다.

성 교육과 기술 교육을 하는 것도 낙인 이론 덕분이다.

피그말리온 효과, 골렘 효과, 낙인 효과를 종합하면 다음과 같은 결론을 내릴 수 있다. 거짓말로라도 긍정적인 기대를 갖고 상대에게 메시지를 전달하면, 그 사람이 실제로 긍정적인 성과를 보여 준다. 거짓말로라도 부정적인 낙인을 찍으면 상대는 실제로 부정적인 성과를 보여 준다. 거짓말을 해야 하는 순간이 온다면 우리는 어떤 거짓말을 더 해야 할까?

나에 대한 긍정적인 믿음, 자기효능감

자존감과 함께 교육, 상담 분야에서 많이 쓰이는 용어가 자기효능감이다. 자기효능감은 '어떤 상황에서 적절한 행동을 할 수 있다는 기대와 신념'이다. 미국 스탠포드대학교 교수인 앨버트 밴듀라가 제시한 자기효능감은 쉽게 말해 "스스로 잘할 수 있다는 믿음"이다. 즉 능력 자체가 아니라, 능력이 있다는 믿음이 자기효능감이다. 참고로 앨버트 밴듀라는 자기효능감이 높았는지, 심리학 분야에서 여러 획기적인 연구를 해냈다.

앨버트 밴듀라 박사는 잘할 수 있다고 믿으면 실제로 잘할 수 있다고 생각했다. 예를 들어 공부에 대한 자기효능감이 낮다면 어떨까? 시험을 잘 볼 것이라는 믿음이 아니라, 실패할 거라는 걱정에 휩싸이게 된다. 일단 불안에서 벗어나려고 게임을 한다. 게임을 하느라 공부를 하지 못한다. 공부를 하지 않았으니 성적도 별로 좋지 않다. 결국 자신이 덜 노력해서 성적이 나쁜 게 아니라 공부를 못하기 때문에 시험을 못 볼 수밖에 없었다고 생각한다. 더 자기효능감이 낮아진다.

자기효능감이 높다면 어떨까? 시험을 잘 볼 것이라 생각한다. 그래서 아예 노는 학생도 있지만, 자기효능감이 높은 학생은 대부분 걱정과 불안이 없으니 온전히 공부에 집중한다. 스트레스가 없는 상태에서 공부하니까 실제 공부 시간 대비 효과가 높다. 실제 시험에서도 만족할 만한 성적을 얻는 경우가 더 많다. 그러면 자기효능감은 더 높아진다.

자기효능감에는 아주 중요한 특징이 있다. 모든 일에 똑같이 적용되지 않는다는 점이다. 공부에 자기효능감이 높다고 해서 운동이나 연애, 노래 등에도 자기효능감이 높지는 않다. 같은 과목 안에서도 방정식에는 자기효능감이 높지만, 도형에는 자기효능감이 낮을 수도 있다. 같은 운동이라고 해도 농구에는 자기효능감이 높지만, 탁구에는 자기효능감이 낮을 수 있다. 결국 뭉뚱그려서 자기효능감이 높다거나 낮다고 말할 수 없다.

일반적으로 자기효능감이 높아야 성과도 좋고 삶의 만족도도 더 높다. 자기효능감이 낮은 것에 매달리기보다는 자기효능감이 높은 쪽을 찾아서 도전하는 게 과정도 좋고 결과도 좋다. 그래서 청소년의 진로를 찾는 교육에서도 자기효능감을 중요한 변수로 본다.

자기효능감이 높아야 성과도 좋고 삶의 만족도도 더
높다. 자기효능감은 자신에 대한 믿음에서 나온다.

다시 한번 강조하지만 자기효능감은 '능력'이 아니다. 자신이 '능력이 있다고 믿는 것'이다. 실제 능력이 없어도 된다. 자신만 믿으면 된다. 단, 그 정도의 차이가 객관적으로 너무 큰 것은 좋지 않다. 외모가 평범한데 스스로 할리우드 톱스타처럼 생겼다 생각하고 미팅에 나가면 성과가 좋을 수 없다. 실제 자신의 모습보다 조금 더 낫다고 생각하는 게 좋다.

공부도 마찬가지다. 수학을 30점 맞고 있으면서 마음만 먹으면 언제든 100점을 맞을 수 있다고 생각하는 것은 자기 자신에게도 별로 도움이 되지 않고 보는 사람도 답답하게 하는 안 좋은 거짓말이다. 대신에 마음만 먹으면 50점은 금방 넘길 수 있다고 생각할 때 더 효과적인 공부를 할 수 있다.

자기효능감은 건강에도 영향을 준다. 자기효능감이 높으면 금연, 금주, 폭식 등 다양한 중독에서 더 잘 벗어날 수 있다. 건강을 지키려면 자기 통제를 해서 생활 습관을 건전하게 만들어야 한다. 자기효능감이 높은 사람은 자기 자신의 기대에 맞추기 위해 나쁜 습관을 몰아내고 좋은 습관을 지켜 낸다.

긍정적인 마음은 정말 효과가 있을까?

지금까지 이야기를 종합해 보자. 피그말리온 효과를 발휘하고 자기효능감을 높이면 삶이 완전히 바뀔 것 같다. 그런데 여기에 큰 문제가 있다.

일단 피그말리온 효과는 현실에서 잘 보이지 않는다. 로젠탈이 초등학생을 대상으로 한 연구는 정밀한 실험이 아니었다. 담임 선생님의 기대 이외에 몇 개월 동안 다양한 변수가 영향을 미쳤을 수도 있다. 그 다양한 변수가 어떤 영향을 주었는지 아직 연구실 밖의 교육 현장에서는 밝혀지지 않았다.

여러 연구자가 긍정적 기대를 하면 좋은 성과를 내는 피그말리온 효과를 검증했다. 하지만 어떤 실험에서는 효과가 있고, 다른 실험에서는 효과가 없게 나왔다. 한 예로 교육심리학자인 로버트 L. 손다이크는 긍정적 기대가 절실한 평균 이하의 지능을 가진 아이들을 대상으로 실험했다. 그런데 피그말리온 효과는 없었다. 종합하자면 확실히 효과가 있다고 말할 수 없는 처지이다.

어쩌면 피그말리온 효과 자체가 거짓말일 가능성도 있다. 연구자가 의도했든, 의도하지 않았든 말이다. 실험 결과를 조작했다면 의도적인 검은 거짓말이다. 실험을 엄격하게 하지 않아 다른 변수에 의해 의도치 않게 결과가 바뀐 것이라면 어떨까? 실험은 완벽하지 못했지만 학생들에게는 용기를 주었으니 하얀 거짓말이다. 검은 거짓말인지, 하얀 거짓말인지를 밝히기 위해 여러 학자가 비판적으로 연구한다. 그리고 어떤 학자가 연구 결과를 발표하면 다른 학자가 검토한다. 검은 거짓말이든, 하얀 거짓말이든 진실을 밝혀야 하는 학자에게는 어울리지 않기 때문이다.

학자들은 양심에 따라 진실을 찾기 위해 연구한다. 하지만 그

렇지 않은 학자도 있다. 황우
석은 최고의 과학 학술지인
〈네이처〉에 실험 결과를 조
작한 논문을 여러 편 내서 세
계적인 명성을 얻었다가 진
실이 밝혀지면서 국제적인
망신을 당했다. 유럽과 미국

> **황우석 사건**
>
> 황우석이 서울대학교 수의과 교수 시절 줄기세포 복제 연구에 성공했다고 하여 세계적인 주목을 받았으나 난자 확보 과정의 윤리적 문제와 논문 조작이 들통나 과학계 최대의 추문으로 기록된 사건이다.

등에서도 수십 년 동안 연구를 조작한 학자들의 거짓말이 밝혀져 충격을 주기도 했다. 그래서 어떤 것이 '확실히 도움이 된다'거나 '확실히 도움 되지 않는다'고 단호하게 말하는 학자의 주장을 들을 때는 예외나 반대되는 진실도 있으리라는 가능성을 열어놓아야 한다. 다만 더 진실에 가까운 주장은 있을 수 있다.

여기까지 읽고 마음이 복잡한 독자를 위해 한 가지 덧붙이고 싶은 게 있다. 자기효능감을 높여 자기 자신에 대한 기대와 믿음을 더 가지면 정말로 효과를 볼 수 있을까? 자기효능감이 만병통치약은 아니지만, 더 긍정적인 결과로 이어지는 한 걸음이 될 수 있다. 한 걸음이 엄청난 성공인 것처럼 말하면 거짓말이다. 하지만 가만히 머물러 있을 때와는 완전히 다른 결과를 낳을 수 있다.

타인의 기대와 믿음은 우리의 내면이 성장하는 데 큰 도움이 된다. 하지만 타인의 기대와 믿음은 우리가 강요하거나 통제할 수 있는 대상이 아니다. 반면 자기 자신에 대한 기대와 믿음은 스스로 마음속에서 직접 키울 수 있다. 내가 할 수 있는 일에 더 관심과 노력을 기울이는 게 현명하지 않을까?

플라세보 효과, 자기효능감처럼 긍정적인 기대와 믿음을 가지려
면 자신의 마음속에 있는 부정적인 생각과 감정을 해결해야 한
다. 복잡한 심리 문제 해결에 도움을 주는 사람이 심리상담사다.

심리상담사는 우울, 불안, 중독 등 개인적인 차원의 문제뿐 아
니라, 가족 갈등, 부부 관계, 자녀와 부모의 소통 등 인간관계 차
원의 문제에 이르기까지 전반적인 심리 문제를 다룬다. 아동을
상담하면 아동심리상담사, 청소년을 상담하면 청소년 심리상담
사, 성인을 상담하면 성인심리상담사, 노인을 상담하면 노인심
리상담사, 가족을 상담하면 가족심리상담사로 나뉜다.

세부적인 주제에 따라 영역이 더 자세하게 나뉜다. 청소년을
대상으로 하면서 진로를 상담하면 청소년 진로 심리상담사, 게

임중독 문제를 중심으로 상담하면 청소년 게임중독 심리상담사, 성인의 직장 스트레스를 전문으로 상담하면 직장인 스트레스 심리상담사, 가족 중에서도 가정폭력 문제를 전문으로 상담하면 가정폭력 심리상담사가 되는 식이다.

상담하는 대상 안에서 주제로 나누기도 하지만, 주제 안에서 대상을 나누기도 한다. 예를 들어 우울증 상담이라는 커다란 주제 안에서 아동, 청소년, 성인, 노인을 아우르는 심리상담사가 있다.

상담사는 해당 분야만 공부해선 안 된다. 예를 들어 가정폭력을 당한 청소년이 게임중독에 빠지거나 지긋지긋한 삶에서 탈출하고 싶어서 진로상담을 요청할 수도 있다. 따라서 심리상담사가 되려면 인간의 삶을 전체적으로 살피고 도와주려는 마음을 갖고 있어야 한다.

심리상담의 기본은 대화다. 심지어 미술이나 음악 등 매체를 활용하는 상담조차도 대화가 많은 비중을 차지한다. 정신과 의사도 환자와 대화를 한다. 정확히 말하면 말을 많이 들어주는 대화를 한다. 심리상담사는 대학에서 심리학과나 상담학과, 사회복지학, 교육학 등 주로 인문계라고 생각하는 영역을 전공한다. 하지만 정신과 의사는 반드시 의과대학을 졸업해야 한다. 따라서 심리상담사는 약물치료가 필요한 경우 정신과 의사와 협업하거나, 환자에게 병원에 갈 것을 조언하기도 한다.

심리상담 분야에서 인정하는 자격증은 한국청소년상담원에

서 시행하는 청소년상담사 1·2·3급과 한국상담심리학회에서 실시하는 상담심리사 1·2급이다. 청소년상담사는 국가자격증, 상담심리사는 민간자격증이다.

대학에서 상담 관련 전공을 한 후 바로 도전할 수 있는 자격증은 청소년상담사 3급 하나뿐이다. 청소년상담사 1급은 상담 관련 분야 석사학위 과정을 마친 뒤 4년 이상, 상담심리사 1급은 2년 이상 실무 경력이 있어야 도전할 수 있다. 다른 자격증도 석사·박사학위가 있거나, 실무 경력을 2~3년 이상 쌓거나, 이 두 가지를 모두 갖추는 등의 조건을 충족해야 응시할 수 있다.

상담 관련 자격증으로는 전문상담교사자격증도 있다. 대학에서 심리학 관련 전공을 한 후 교직을 이수하면 전문상담교사 2급 자격을 얻는다. 하지만 공립학교에서 전문상담교사로 활동하려면 다른 교사와 마찬가지로 임용시험을 통과해야 한다.

심리상담사는 전체 직업 종사자의 60퍼센트가 대학원 졸업자이다. 대학을 졸업하고도 대학원에 진학해 평생 공부하고 연구하려는 자세가 필요하다. 앞으로는 심리상담에 대한 사회적 인정이 많아져 선진국처럼 경제적 보상도 함께 얻을 전망이다.

심리상담은 상담사가 쓰는 기법에 따라 나뉘기도 한다. 미술을 상담에 쓰면 미술치료사, 음악을 쓰면 음악치료사, 이야기를 쓰면 이야기치료사, 책을 쓰면 독서치료사 등으로 나누는 식이다. 일반적으로 예술치료라고 하면 미술치료를 떠올리기 쉽다. 하지만 예술에는 미술 이외에도 음악, 연극, 영화, 무용 등이 있다. 심리치료법은 각 예술이 가진 인간의 마음을 움직이는 힘을 이용하는 방식으로도 발전했다. 상담자가 선택한 예술 매체에 따라 음악치료, 연극치료, 영화치료, 무용치료 등으로 나뉜다.

예술치료는 특히 상담 의뢰자가 자폐증, 우울증, 조현병, 치매 등을 앓아서 체계적인 대화를 할 수 없을 때 강력한 힘을 발휘한다. 분노와 슬픔에 휩싸여 있을 때는 말로 차분히 풀어내기 힘들지만 그림이나 몸짓으로 표현하는 것은 가능하기 때문이다. 예술 자체가 그동안 억눌렸던 감정과 생각을 쏟아 놓는 분출구 역할을 하기도 하고, 자신과 문제를 더 잘 이해하는 입력 창구 역할을 하기도 한다. 정체성 혼란으로 고민이 많은 청소년도 감정 조절의 문제 없이 생각과 감정을 풀어 낼 수 있는 예술치료가 널리 인정받고 있다.

예술치료사는 가르치는 식으로 접근해선 안 된다. 예술이 목적이 아니라, 예술을 통해서 상담 의뢰자의 문제를 알아내고 스스로 문제를 해결할 수 있게 돕는 것이 목적이기 때문이다. 예술은 상담 의뢰자의 문제 해결을 돕기 위한 수단임을 잊지 말아야 한다.

심리상담사는 본격적인 상담을 하기 전에 과학적 심리검사를 한다. 예술치료사는 거기에 더해 심리검사에서 드러나지 않는 요소까지 알아낼 수 있는 통찰력까지 필요하다. 예술치료사가 되려면 예술, 정신의학, 심리치료 이론, 상담 이론을 통합해서 상담 의뢰자에게 가장 좋은 경험을 하도록 안내할 줄 아는 통찰력이 있어야 한다.

예술치료 중에 가장 널리 알려진 미술치료 분야는 정신분석학을 만든 프로이트가 활동한 20세기 초 유럽에서 시작되었다. 당시에는 정신질환자, 시설에 있는 성인, 환자들의 그림을 정신병 진단의 보조 도구로 사용되었다. 그런데 훨씬 후인 1961년 미국의 미술작가 울만이 《미술치료 회보Bulletin of Art Therapy》 창간호에서 미술치료라는 용어를 처음 사용한 다음에야 대중에게 알려졌다. 1969년 미국에서 미술치료협회가 만들어진 뒤 심리학의 발전과 함께 현재는 전문적인 치료 분야로 자리 잡게 되었다. 한국은 1992년 한국미술치료학회가 만들어져 활동하고 있다.

미술치료는 상담 의뢰자가 그린 그림을 분석한다. 그림 속에 있는 요소가 마음속에 있는 요소라고 생각하며 분석하는 것이다. 예를 들어 가족을 그렸는데, 부모 중 1명이 빠져 있거나 몸 크기가 작거나 구석에 있다면 해당 인물에 대해서 마음의 벽이 있는 것으로 해석하는 식이다. 이렇듯 특히 말로 자신의 마음을 설명하기 힘든 어린아이나 어떤 사건으로 심리적 충격을 많이 받아 혼란스러운 사람의 경우에는 미술치료를 많이 쓴다. 미술치료는 언어로 표현하기 복잡한 마음을 다 쏟아 내기 힘든 현대인에게 효과가 남달라 유망한 치료 분야다.

미술치료사는 상담을 원하는 개인이나 집단을 개인 치료실이나 병원, 학교, 복지관 등에서 만나 치료한다. 미술치료사는 처음에는 문제를 파악하고 신뢰를 쌓고자 주로 대화를 통한 상담을 한다. 집, 나무, 사람, 가족 그리기 등 여러 가지 그림을 그리게 해서 문제점을 파악한 뒤 치료 계획을 세운다. 이후에 의뢰자의 상황에 맞게 그림 완성하기, 풍경화 구성하기, 전신상 그리기, 점토 사람 만들기, 난화 그리기, 감정 그리기, 패턴 만들기 등 다양한 미술치료 활동을 한다.

현재 미술치료사로 활동하는 사람들의 전공은 미술학과, 심리학과, 교육학과, 재활학과, 아동학과 등으로 다양하다. 최근에는 미술치료만을 전문적으로 가르치는 대학원 과정이 개설되고 있다. 현재 미술치료사의 절반은 대학을 졸업했지만, 향후 심리상담사처럼 대학원 이상의 학력을 갖춰야 전문가로 인정받고 활동하게 될 것이다.

2020년 현재 미술치료사 관련 자격증은 모두 민간자격증이다. 주관 기관에 따라 임상미술심리상담사, 수련감독임상심리상담사, 임상미술심리전문상담사, 임상미술심리상담사, 미술심리상담사 등 다양한 명칭으로 불리며, 국가자격은 없다. 심지어 인터넷으로 발급하는 자격증까지 있으니, 교육기관의 전문성과 교수진을 꼼꼼하게 살핀 다음에 공부를 시작하는 게 좋다.

2장

다 같은
거짓말이 아니다

"정말 예뻐졌네", "시험 공부 하나도 못했어",
"내 손에 장을 지진다" 등의 말은 모두
일상적인 거짓말이지만 목적은 다르다.

나와 상대방을 지키기 위한 거짓말

우리가 일상적으로 하는 거짓말을 떠올려 보자. 학교나 집에서 몸이 안 좋아도 다른 사람이 걱정할까 봐 괜찮다고 거짓말할 때가 있다. 미용실에서 돌아온 엄마가 이상하게 머리를 잘랐다고 속상해하면 속으로 웃음을 참으며 "그래도 괜찮아"라고 거짓말하기도 한다.

진실이 최선의 방책이라고 해서 속마음을 모두 솔직히 말한다면 어떨까? 좋은 인간관계를 위해서는 배려의 거짓말이 필요하다. 배려의 거짓말은 화술, 처세술이라며 현명한 삶의 기술로 높여 부르기도 한다.

크리스마스 때 산타클로스 할아버지가 선물을 주고 갔다며 아이의 기분을 좋게 하려는 어른의 말은 대표적인 배려의 거짓말이다. 몸이 아파서 오랫동안 병원에 있는 사람에게 "예전보다 더 나아 보인다"라면서 용기를 주거나, 얼굴이 못났다고 걱정하는 사람에게 "많이 예뻐졌네"라고 하며 자신감을 주는 것 역시 배려의 마음으로 하는 거짓말이다. 의사가 환자를 위해 건네는 가짜 약이 포함된 처방전도 배려의 마음에서 나온 하얀 거짓말이다.

배려의 거짓말이 가진 힘

빅토르 위고의 명작 《레 미제라블》에서 장발장이 은촛대를 훔쳐 도망갔다가 잡히자, 신부가 장발장에게 은촛대를 줬다고 한 것도 장발장을 배려한 하얀 거짓말이다. 장발장은 이에 감동해 더 좋은 인간이 되어 훗날 시장의 자리까지 올랐다. 하얀 거짓말이 장기적으로도 좋은 효과를 낼 수 있음을 보여 주는 사례다.

배려의 하얀 거짓말이 가진 힘은 제2차 세계대전을 배경으로 한 이탈리아 영화 〈인생은 아름다워〉1999를 통해 절실히 확인할 수 있다. 독일군에 의해 수용소로 끌려간 아버지 귀도는 어린 아들 조슈아를 구하기 위해 재미있는 게임을 하려고 이곳에 왔다고 거짓말을 했다. "1,000점을 얻으면 탱크를 상으로 받는다"라며 죠수아가 힘든 일을 재미있게 이겨낼 수 있도록 배려했다.

아빠가 만약 곧 가스실에 끌려가 죽을지도 모른다며 현실을 있는 그대로 전달했다면 조슈아는 동심이 파괴되고 어른도 감당하기 힘든 상황 탓에 우울증에 빠졌을 것이다. 아버지의 끊임없는 하얀 거짓말로 긍정적 에너지를 얻은 조슈아는 힘든 수용소 생활을 견뎌 낸다.

배려의 거짓말은 상대방의 처지에서 생각하는 게 핵심이다. 자신의 이익을 더 많이 생각하면 같은 말도 하얀 거짓말이 아니라 검은 거짓말이 되기 쉽다. 예를 들어, 간호사가 "이 주사 하나도 안 아파요"라고 말했을 때 주사를 무서워하는 환자를 배려하는 게 아니라 빨리 주사를 놓고 싶은 마음에서 한 것이라면 하얀 거짓말로 보기 힘들다.

혼나기 싫을 때 하는 방어의 거짓말

많은 청소년이 부모님의 꾸중이나 간섭을 피하려고 핑계를 댄다. 때로는 이야기를 지어내서 말한다. 이런 경우는 부모님의 부정적 반응으로부터 자기를 방어하려고 하는 거짓말이다.

부모님이 "너 왜 늦었어?"라고 물었는데 "친구들이랑 피시방에서 놀았어요"라고 솔직히 말하는 것보다는 "독서실에서 애들끼리 서로 쪽지 시험 내고 틀린 거 맞춰 보느라 늦었어요"라고 하는 게 꾸중과 간섭을 피하는 방법임을 아이들은 경험을 통해 잘 알고 있다.

가정에서만이 아니라 친구 관계에서도 거짓말은 많이 쓰인다. 시험 치는 날이 되면 가장 많이 듣거나 하게 되는 말이 바로 "나, 공부 하나도 못했어"다. 다른 핑계를 대기도 한다. 잠깐 졸았는데 계속 자버려서 공부를 못했다거나 몸살 기운이 있다거나 심지어 행운의 부적 같은 것을 가져오지 않아 성적이 나쁠 것 같다고 미리 말하기도 한다.

그런 핑계에 해당하는 일이 실제로 일어났을 수도 있다. 하지만 시험 때가 되면 더 과장해서 이야기한다. 공부를 충분히 하지 못했을 뿐인데도 "하나도 못했어"라고 하는 식이다. 실제와 다른 이야기를 하는 것, 즉 거짓말을 하는 이유는 무엇일까?

앞서 인간관계를 위해 배려의 마음을 담아 하는 거짓말을 소개했다. 그런데 "시험공부 못했어"라는 거짓말은 딱히 다른 사람의 마음을 편하게 하기 위한 거짓말이라고 하기 힘들다. 이런 말을 들으면 경쟁심이 한풀 꺾이고 혹시나 성적이 나쁘게 나와도 자기만 그러지는 않겠다는 안도감이 드는 것도 사실이다. 하지만 이런 거짓말은 타인을 위한 게 아니라, 자기 자신을 위한 거짓말이다. 혹시나 시험 성적이 나빠질 때를 대비해서 미리 핑계를 대는 것, 즉 실패했을 때 쏟아질 비난에 대해 자신을 방어할 무기로 하는 거짓말이다.

타인에 대한 배려가 아닌 자기 자신을 방어하기 위해 하는 거짓말을 심리학자는 '자기 핸디캡 전략Self-handicapping'이라고 부른다. 예를 들어 운동선수가 "오늘은 컨디션이 그리 좋은 편은 아닙니다만, 열심히 뛰어보겠습니다"라고 하거나, 학생이 시험 전에 "난 몰라, 어제 잠을 제대로 못 자서 정신이 몽롱해"라고 말하

운동선수가 시합 전에 컨디션이 안 좋다고 말하는 것은 실패 후에 쏟아질 비난을 피해 보려는 자기 핸디캡 전략이다.

는 것이 대표적 자기 핸디캡 전략이다. 실제로 나중에 보면 운동 선수는 펄펄 날고, 학생도 시험을 잘 보는 경우가 더 많지만 미리 실패를 대비하는 것이다.

자기 핸디캡 전략을 쓰는 이유는 자기 방어 외에 좋은 인상을 유지하려는 목적도 있다. 실패가 아닌 성공을 거둔 경우 겸손하다는 인상, 어려움을 이겨 내는 힘이 있는 사람이라는 인상을 미리 줄 수 있다.

자기 핸디캡 전략이 발전하면 타인보다는 자기 방어를 더 하고, 좋은 인상을 더 화끈하게 주고 싶어 자기 배려 편향self serving bias의 거짓말을 하게 된다. 성공에 관해서는 자기의 공을 강조하고, 실패는 철저히 부정하는 식이다.

자기 배려 편향에 빠지면 다음 운동 선수의 인터뷰처럼 말하게 된다.

"지금껏 우리 팀이 승리한 것은 컨디션이 나빠도 팀을 위해 희생할 줄 알았던 주장인 저 같은 팀원 덕분이었습니다. 그러나 오늘 패배는 전적으로 심판의 편파 판정 때문입니다."

성공은 자기 몫으로 챙기고, 자기에게 쏟아질 비난은 남에게 돌리는 자기 배려의 전형적인 모습이다. 학생도 자기 배려 편향의 거짓말을 할 수 있다.

"여태까지 내 성적이 좋았던 것은 내가 공부를 열심히 했기 때문이야. 그런데 이번 시험은 원래부터 이상하게 문제 내길 좋아했던 선생님들이 문제를 너무 꼬아서 망할 수밖에 없었어."

늘 선생님이 이상하게 문제를 냈다면 예전에도 성적이 나빴어야 한다. 아니면 열심히 공부하던 내공으로 이겨 냈어야 한다. 그러나 자기 배려 편향에 빠진 사람에게 필요한 것은 진실이 아니다. 상처 난 자존심을 보듬고 애써 당당해지려는 거짓 핑계다. 의도적으로 하는 거짓말은 아니다. 본인은 자기 배려 편향이 당연하다고 생각한다. 편향이라는 말 자체가 '특정 방향으로 기울어져 있다'는 뜻이다. 기울어진 생각의 방향대로 자연스럽게 생각하고, 말하고, 행동하니 자기 자신은 문제점을 모른다.

자기 핸디캡 전략과 자기 배려 편향은 자아를 보호하는 장점은 있다. 하지만 그 정도가 너무 심하면 다른 사람의 눈에 자기 입맛대로 사실을 왜곡하며 거짓말하는 못된 사람으로 보일 수도 있으니 조심해야 한다.

'손에 장을 지진다'라는 엄포를 놓는 심리

상처를 좋아하는 사람은 많지 않다. 그리고 그 상처가 드러나는 것을 좋아하는 사람도 많지 않다. 마찬가지로 실수를 저지르는 것을 좋아하는 사람은 많지 않다. 실수에서 뭔가를 배우는 것을 좋아할 수 있지만, 가급적 실수를 하려 하지 않는다. 특별한 경우를 제외하고 실수를 공개적으로 자주 말하지 않는다.

사람들은 상처와 실수를 숨기고 싶어 한다. 상처와 실수가 아예 없는 것처럼 남들이 봐주기를 바라는 욕구가 있기 때문이다. 이런 욕구가 강하면 일반적인 자기 보호 수준을 넘어서서 극단적인 표현까지도 거리낌 없이 하게 된다.

"내가 그런 짓을 했으면 손가락에 장을 지진다."

일단 현대인이 손가락에 장을 지지는 방법을 알거나 실행하는 것부터 힘들다. 심지어는 "죽는다"와 같은 과격한 표현을 쓰기도 한다. 그만큼 그런 짓을 정말로 하지 않았다는 표현일 수도 있다. 하지만 자신이 그런 짓을 했으면서도 잘못을 덮기 위해 그저 "안 했다" 정도가 아니라 과격한 표현을 쓴다는 것은 그만큼 실수를 숨기려 애쓴다는 증거이기도 하다.

뻔뻔한 성격이라서 거짓말하는 것과는 다르다. 그냥 뻔뻔하다면 "그래, 내가 했다, 어쩔래?"라며 넘길 수 있다. 하지만 그런 일을 없던 일처럼 하고 싶다는 욕구가 강하다 보니 강력하게 부정하는 거짓말을 하는 것이다. 그 거짓말을 하면서 실제로 자기가 실수를 하지 않은 사람이 된 듯 느끼게 된다.

개인적 수준에서는 욕구 충족의 거짓말이 자기 보호 수단으로 좋다. 하지만 사회적 수준으로 정도가 심하면 오히려 부작용이 크다. 부정부패를 일으킨 정치인이 "한 푼이라도 받았다면 전 재산을 사회에 기부하고 사형에 처해도 항소하지 않겠다"라고 했는데 나중에 법정에서 증거가 나오면 어떨까? 그 모습을 보는 사람들이 "저 사람은 뇌물 안 받으며 청렴결백하게 살고 싶었나 보다"라고 할까? 아니다. 끝까지 거짓말하면서 자기 잘못을 덮으려 한 나쁜 놈이라고 생각할 것이다.

욕구 충족의 거짓말은 충동적으로 나와야 그나마 덜 나쁜 회색의 거짓말에 가깝다. 만약 계획적으로 나오는 욕구 충족의 거짓말이라면 사악한 검은 거짓말일 뿐이다.

욕구 충족의 거짓말은 자신의 욕구를 확인하려는 목적일 때에만 괜찮다. 친구들이 "너 OOO에 가봤냐?"라고 물어봤을 때, 사실은 가보지 않았는데도 "당연히 가봤지. 좋았어"라고 대답하며 갔던 상상을 하는 것만으로 기분이 좋아졌다면? 그냥 남들 앞에서 잘난 체 한 번 했다는 식으로 넘기기 전에 생각해 보자. 그곳에 실제로 가서 즐기고 싶은 욕구가 있음을 스스로 확인할 수 있을 것이다.

욕구 충족의 거짓말은 자기기만의 거짓말인 경우도 있다. 자기 자신에게 하는 거짓말을 자기기만이라고 한다. 타인을 속이기 위한 거짓말과는 다르다. 거짓말을 하다 자기 자신까지 속이는 수준에 이르는 것을 말한다. 자기기만에 빠지면 사실과 다르거나

자신의 잘못을 덮기 위해 과격한 표현을 쓰는 것은 그만큼 큰 잘못을 했다는 뜻일 수 있다.

진실이 아닌 것을 사실과 진실이라고 믿어 버린다.

자기기만은 부모나 교사, 친구를 실망시키지 않으려 자신이 하지 못하는 것도 할 수 있다고 말하던 습관에서부터 시작하는 경우가 많다. "할 수 있다", "했다", "갖고 있다" 등을 이야기하니 타인 기만이 아니냐고? 타인을 만족시키려 거짓말을 하기 전에 사실과 맞지 않아도 자기 자신이 그 거짓말을 믿어 버리면 자기기만이다.

예를 들어 수학을 못 하는 사람이 욕구 충족을 위해 "나는 수학을 잘할 수 있어"라거나 "나에게는 수학 재능이 있어"라고 말한다면 진정 긍정적인 말일까? 아니다. 사실과 다르니 심리학자는 거짓말로 본다. "나는 수학을 잘하고 싶어서 노력하고 있어"라거나 "능력이 없더라도 공부하고 있어"와 같이 스스로 힘을 불어넣는 말과는 차이가 있다.

펜실베이니아대학교의 진화심리학자인 로버트 커즈반에 따르면, 자기기만은 거짓말이지만 완전히 나쁜 것은 아니다. 인간은 주변 환경의 경쟁을 이겨 내며 진화했고, 거짓말도 진화에 도움이 되었다. 그런데 남에게 하는 거짓말만 진화한 게 아니다. 자신의 마음을 보호하기 위한 방어기제로 자기기만도 진화했다. 실패에 대한 두려움과 세상의 위협으로부터 자신이 안전하고 충분히 대처할 능력이 있다는 믿음을 갖게 하는 자기기만은 인간을 불안감에서 벗어나게 해주고 힘을 잃지 않게 해주었다.

미국의 심리학자 찰스 포드에 따르면 우울증에 걸린 사람은 거짓말을 하지 않는 경향이 있다. 왜냐하면 우울한 정서 상태에서는 냉소적으로 주변을 관찰하게 되고, 그 결과 다른 사람보다 현실을 더 정확하게 볼 수 있기 때문이다. 결국 우울한 사람은 자기 자신이나 다른 사람을 볼 때도 환상이나 허위를 적당히 섞지 못하고, 있는 그대로 느끼고 이야기하느라 더 절망의 늪으로 빠져든다. 이런 이유로 미국 캘리포니아주립대학교 심리학과 교수 셸리 테일러는 어느 정도의 자기 자신을 속이는 거짓말은 심리 건강에 도움이 된다고 주장한다.

하지만 자기기만에 능숙해서 지나치게 실제와 다른 것을 믿는다면 문제가 생긴다. 나중에 더 자세히 살펴보겠지만 리플리 증후군 환자가 빠지는 게 바로 이 함정이다. 이렇듯 자기기만은 개인적·심리적 안정을 위해서는 도움이 될 때도 있지만 사회적인 수준에서는 오히려 해가 되기 때문에 문제가 된다.

이득을 챙기기 위한 거짓말

사람들에게는 누구나 본능과 같은 욕구가 있다. 심리학자 에이브러햄 매슬로에 따르면 욕구에는 총 다섯 가지의 단계가 있다. 가장 기본적인 욕구는 먹고 자는 등의 '생리적 욕구'이다. 생리적 욕구가 해결되면 자신의 몸과 마음이 안전하기를 원하는 '안전의 욕구'가 더 중요해진다. 그다음에는 가족, 친구 등과 인간관계를 맺고 집단에 속하고 싶은 '소속의 욕구'에 더 관심을 기울인다. 특히 청소년기에 소속의 욕구가 크다. 소속의 욕구 다음에는 다른 사람의 인정과 존경을 받고 싶어 하는 '인정의 욕구'가 커진다. 그다음에는 매슬로가 주장하는 최고의 욕구인 '자아실현 욕구'가 있다.

매슬로의 욕구 이론에 따르면 관심과 인정을 받고자 하는 욕구는 조금 높은 단계의 욕구이기는 하지만 누구나 갖고 있다. 즉 인정 욕구 자체는 문제가 되지 않는다. 하지만 있지도 않은 사실을 말해서 다른 사람의 관심을 끌고 인정을 받으려 할 때는 문제가 된다.

자기 자신을 과장하는 나르시시스트

2002년 미국 매사추세츠대학교 심리학과 로버트 펠드먼 교수의 연구팀은 200명이 넘는 실험 참가자를 2명씩 짝지은 뒤 세 조로 나눠 상대방과 10분 동안 자기소개를 하도록 했다. 첫째 조는 자기소개를 하는 실험 참가자에게 가급적 상대방이 호감을 느낄 수 있는 모습으로 말하도록 했다. 둘째 조에게는 자신이 가지고 있는 능력을 되도록 많이 보여 줄 것을 지시했다. 셋째 실험조에게는 아무것도 요구하지 않았다. 그리고 참가자들의 대화를 몰래 촬영했다.

실험이 끝난 뒤 대화 당사자들에게 비디오테이프를 보여 주면서 자기가 한 말에 거짓이 있는지 직접 확인하도록 했다. 그 결과 아무 지시도 받지 않은 사람들은 10분 동안 평균 0.88개의 거짓말을 했지만, 호감 있는 모습을 보여야 하거나 능력 있게 보이라는 지시를 받은 사람들은 아무런 지시도 받지 않은 사람들보다 각각 2.3배, 2.7배의 거짓말을 했다. 그리고 놀랍게도 참가자의 60퍼센트는 10분의 대화에서 평균적으로 두세 번씩 거짓말을

했다. 대부분 사소한 거짓말
이었지만, 있지도 않은 경력
을 과장하는 심각한 거짓말
도 있었다. 조금만 알아보면
허위로 드러날 게 뻔한, 자신
이 유명 록그룹의 리더라는
거짓말까지 있었다.

나르시시즘

나르시시즘은 그리스 신화에 등장하는
나르키소스Narcissus의 이름에서 따왔
다. 나르키소스는 물에 비친 자신의 모
습에 반해 결국 연못에 빠져 죽은 인물
이다. 나르시시즘은 '자기애' 혹은 '자기
도취증'이라고 번역하기도 한다.

다른 사람의 관심과 인정을 받기 위해 수시로 거짓말하는 사
람은 나르시시스트일 확률이 높다. 나르시시스트는 나르시시즘
에 걸린 사람이다. 나르시시스트는 다른 사람에게 진짜 자신이
대단한 인물이라고 믿게 하고자 한다. 그래서 자신의 능력과 경
험 등을 과장하는 거짓말을 서슴없이 한다.

나르시시스트는 자신을 더 돋보이게 할 물건, 경험, 서비스, 인
맥에 집착한다. 그냥 조용히 자기가 소유하고 누리지 않는다. 허
세 가득한 글과 함께 사진을 올려 인증해야 직성이 풀린다. 왜?
관심을 받아야 하니까. 그래서 허영심과 관련된다 싶은 정보에
늘 관심이 있다. 성형, 미용, 쇼핑 관련 유튜버, 방송 채널, 기사를
주기적으로 구독한다. 그 과정에서 남의 경험도 자신의 경험처럼
거짓말로 이야기한다.

데이비드 캘러헌의 책 《속임수 문화The Cheating Culture》에 따르면,
나르시시스트는 치열해지는 경쟁에서 다른 사람의 인정을 받으

려면 규칙을 어겨서라도 앞으로 치고 나가야 한다고 믿는다.

나르시시스트는 잘못이 드러나면 대뜸 "모두 그렇게 하고 있는데요, 뭘"이라고 말하기도 한다. 죄책감이 없다. 오히려 자기를 효과적으로 드러내는 거짓말을 하지 못하는 사람을 능력 없다고 생각한다.

처음에 나르시시스트는 당당하고 멋져 보인다. 그렇게 꾸미는 기술을 연습해서 현재 위치까지 왔기 때문이다. 하지만 나르시시스트는 자신의 자아에만 관심이 있다. 상대방에게는 관심이 없다. 그래서 장기적으로 좋은 인간관계를 맺을 수 없다.

나르시시스트는 관심과 인정을 받기 위해 모든 것을 알고 있는 듯 행동한다. 심리학자는 이것을 '과다 주장overclaiming'이라고 부른다. 뭘 질문해도 여유 있게 말한다.

"아, 그거 내가 알고 있는 거야."

그리고 척척 이야기를 풀어 나간다. 어떤 연예인, 위인, 역사적 사건을 물어보아도 "물론 알고 있다"라고 답하는 척척박사가 있다면, 언제나 그를 가까이 두고 질문하고 싶어진다. 그런 마음을 노리고, 나르시시스트는 관심을 끌기 위해 뭐든지 안다는 식의 거짓말을 계속한다.

상대방을 깎아내리는 말에 담긴 심리

나르시시즘에 바탕을 둔 거짓말은 다른 사람의 관심을 받는 게 목적이다. 그런데 남들의 관심과 인정을 받기 위해 자신의 특별함을 강조하는 것만으로는 성에 차지 않는 사람도 있다. 남들이 자기 경쟁 상대가 되는 게 싫다. 그래서 특별해 보이지 않게 만들려 한다. 심하면 아예 특별하기는커녕 기본 이하인 것처럼 만들고 싶어 한다.

내가 기본 이상인 것으로 잘난 체하는 것에는 힘이 든다. 하지만 힘을 덜 들이면서 자신이 돋보이게 하는 방법도 있다. 상대적 비교에서만 더 나아 보이면 된다. 그래서 이런 사람들은 다른 사람이 가진 것을 비하한다. 외모, 물건, 경험, 친구 등을 비하하며 상처를 준다. 문제가 될 이야기를 공개적으로 거짓말하기도 한다.

사람은 좌절을 경험할 때 분노를 느낀다. 그런데 어떤 사람들은 그 분노를 해결할 방법으로 타인을 공격하기도 한다. 관심을 독차지하고 싶은데 다른 곳으로 관심이 분산될 때 좌절감을 느끼고, 분노의 마음을 담아 '너도 좌절해 봐라'라는 심정으로 남을 공격하는 것이다.

이런 거짓말을 하는 사람의 마음속에는 피해 의식이 있다. 자신을 괴롭게 한 사람에 대한 복수라고 자신을 속이며 정당화한다. 이렇게 생각해야 공격하는 자신이 나쁜 사람으로 느껴지지 않기 때문이다.

이들은 상대방이 별 생각 없이 한 행동에도 의미를 부여해 확대 해석한다. 상대가 의도하지 않은 상처까지도 받아 가며 좌절하고 분노하다 보니 공격의 강도는 더 세진다. 덩달아 거짓말의 정도도 심해진다. 공격을 받는 사람과의 관계는 당연히 나빠진다. 더 나아가 자신의 정신 상태도 좌절과 분노로 가득 차게 되어 악순환이 이어진다.

남을 조종하고 통제하는 거짓말

거짓말 중에는 남을 이용하기 위한 의도가 깔린 사악한 거짓말도 있다. 이 거짓말의 특징은 남을 조종해 자기 이득을 챙기는 것이다.

이런 거짓말을 잘하는 사람은 거짓말 자체가 아니라 자신이 다른 사람을 통제하고 있다는 사실에 더 큰 기쁨을 느낀다. 평소에도 다른 사람에게 자잘한 부탁을 들어 달라고 조르거나 잔심부름을 시킬 때가 많다. 그리고 상대방이 자신의 부탁을 잘 들어주는 사람이라 조종하기 쉽겠다는 판단이 들면 자신의 이익을 더 극대화하기 위해 점점 더 큰 요구를 한다. 그때 쓰는 게 거짓말이다.

작은 것으로 시작해서 계속 요구가 커지는 게 남을 조종하려는 거짓말의 특징이다. 상대방을 조종하려고 거짓말에 거짓말을 덧붙이는 특징도 있다. 거짓말만 잘하는 게 아니라, 자기의 이익대로 상대를 조종하기 위해 상대방의 정체성에 대한 이야기를 자주 한다.

"너는 착한 사람이야. 그래서 부탁하는 거야."

"너는 능력 있는 사람이야. 그래서 말하는 거야."

이런 식으로 상대의 기분을 좋게 해주면서 사실은 자신의 이득을 챙기는 것이다. 진짜 상대가 착하거나 능력 있다고 생각해서가 아니라, 자기 말을 잘 들을 것 같아서 하는 말이다.

이 유형의 거짓말쟁이는 외로운 사람을 좋아한다. 인간관계에 목말라 있어서 거짓말쟁이의 정체를 잘 깨닫지 못할 상대를 좋아한다. 상대가 감정적으로 불안정할 때 다정하게 다가가 맘껏 조종할 수 있기 때문이다.

사람들은 긍정적인 것을 원한다. 누군가 외로운 나를 위해 좋은 것을 알려줬으면 하는 마음이 생긴다. 사악한 거짓말쟁이는 그런 척하는 달콤한 말을 던지면서 상대를 속인다. 이 유형의 거짓말쟁이는 자유자재로 이야기를 꾸며 낸다. 단, 마냥 거짓으로만 이야기를 꾸며 내지는 않는다. 사실과 섞어서 이야기할 때 더 효과적이라는 걸 알기 때문이다. 상식 수준에서는 사실에 부합하는 이야기를 한다. 상대가 마음을 놓으면 거짓말을 더욱 구체적으로 마구 꾸며 댄다.

거짓말을 할 때는 장황하게 설명한다. 그 설명을 듣다 보면 거짓말쟁이가 보여 주는 것 안에서 생각이 멈춘다. 즉 그의 말을 통해서 생각하고 행동하게 되는 것이다. 이게 바로 검은 거짓말을 하는 사람들이 마음을 조종하는 방법이다.

다른 사람을 이용하는 거짓말을 잘하는 사람은 사기꾼이 되기 쉽다. 뉴스나 영화 등에서 나오는 가짜 약을 파는 사람, 사기를 치는 사람들을 떠올려 보자. 설명이 장황하다. 이미 마음이 홀린 사람에게는 치밀하고 구체적으로 보일 뿐이다.

자기소개의 진실과 거짓

대학 입학 전형 중에서는 자기소개서와 면접이 중요한 역할을 하는 전형이 있다. 자기소개서나 면접에서 꼭 묻는 질문 중 하나가 "왜 우리 학교에 오려고 하느냐, 이 전공을 왜 선택하려고 하느냐"이다. 적성 문제로 고민하다가 급하게 진로를 정한 학생도 여러 대학에 여러 전공을 신청해도 되는 현실에서 "실은 더 좋은 대학에도 응모했다. 이 학교는 안정권이어서 넣어 보는 것이고, 해당 전공도 점수에 맞춰서 해봤다"라고 솔직하게 답하는 경우는 거의 없다.

'다큐멘터리를 본 뒤 이 전공에 흥미를 갖게 되어서', '이 전공을 했던 친척을 역할모델로 삼게 되어서', '그동안의 짧은 인생 경험과 전망을 생각했을 때 이 영역이 중요하다는 것을 깨달아서' 등으로 해당 학교와 전공을 선택할 수밖에 없는 이유를 절절하게 말한다. 그래서 비판적인 사람들은 자기소개서가 거짓말 자랑이라고 혹평하기도 한다.

대입 전형에서 입학사정관과 교수는 자기소개서에 쓰인 내용이 거짓인지 아닌지 확인하는 질문을 하며 거짓말쟁이를 골라낸다. 자기소개서에 쓴 내용을 뒷받침할 교내 활동과 체험 활동 등의 서류를 내도록 하는 학교도 있다. 면접할 때는 구체적 경험을 물어서 거짓말 여부를 확인한다. 합격한 후에도 서류가 거짓이라면 입학을 취소하기도 한다.

대입만 그런 것이 아니다. 취업할 때에도 자기소개서와 경력 증명서를 낸다. 그리고 면접을 본다. 자신을 솔직하게 표현해야 하지만 본인을 더 돋보이게 하려고 거짓으로 포장하는 사람들이 적지 않다. 그래서 사람을 뽑는 업무를 담당하는 인사과 직원들은 지원자의 거짓말을 파악하려 한다.

취업사이트인 '사람인'이 2019년 기업 인사 담당자 654명을 대상으로 설문조사한 결과에 따르면, 거짓말이 가장 잘 드러나는 전형으로 실무면접이 62.7퍼센트로 1위를 차지했다. 그다음이 인성면접 19.1퍼센트, 서류전형 17퍼센트, 적성검사 1.1퍼센트 순이었다. 글로 된 서류에만 의지해서 사람을 뽑던 시대는 갔다. 거짓말을 가려내는 면접에서 당락이 결정된다.

거짓말을 하는 분야는 '컴퓨터 활용 능력'이 32.3퍼센트로 가장 많았다. 그다음이 '보유 기술 및 교육 이수 사항' 31.5퍼센트, '봉사, 동아리 등 대외 활동' 27.5퍼센트, '기업체 인턴 경험' 26.2퍼센트, '취미, 특기' 16.8퍼센트, '어학 점수' 5.4퍼센트, '학력' 4퍼센트,

면접 때는 더 돋보이기 위해 거짓으로 자신을 포장하는 사람들이 적지 않다.

'가족관계' 3.8퍼센트 순이었다.

　기업의 인사 담당자는 지원자가 자기소개서에 '경험에 비해 능력을 과대 포장하는 듯할 때', '틀에 박힌 표현이나 누군가 썼던 것을 베껴 쓰거나 짜깁기한 것 같은 표현이 많을 때', '과도하게 긍정적인 내용만 많을 때', '미사여구가 많고 핵심이 없으며 과장을 많이 할 때' 거짓말을 의심한다. 실제 그 일을 하지 않은 사람은 내용이 추상적이고 포장에만 신경 쓴다.

　면접에서 인사 담당자는 지원자에게 계속 답변의 근거를 충분히 이야기하라고 요구하고, 일관되지 않게 답하면 다시 추가로 질문한다. 이때 지원자가 당황하면 그 이유를 또 묻고, 지원자가 대답을 추상적으로 하거나 미리 외웠던 것을 감정 없이 이야기하거나 얼버무린다 싶으면 거짓말을 많이 한 것으로 판단한다.

　대학에서나 기업에서나 뛰어난 인재를 뽑고 싶어 한다. 하지만 반드시 영재나 천재를 뽑고 싶어 하는 것은 아니다. 경쟁에서 이기고 싶은 지원자의 마음은 이해하지만, 평가자들은 수많은 인재를 뽑아 본 사람들이다. 대학 신입생이 될 청소년, 신입 사원이 될 고졸, 대졸 사원에게 엄청난 실력을 기대하지 않는다. 그리고 과장하는 지원자의 거짓말에도 익숙하다. 지원자는 괜한 거짓말로 탈락하기보다는 자신의 장점을 좀더 효과적으로 보이도록 내용을 정리하는 수준에서 멈춰야 할 것이다.

과장 광고는 왜 만들어지는 걸까?

광고는 사회적으로 널리 퍼져 있는 거짓말 중 하나다. 광고가 왜 거짓말인지 이해하기 힘들 수도 있다. 거짓말은 기본적으로 두 가지 방법으로 한다. 첫째는 없는 것을 있다고 하는 것이고, 둘째는 있는 것을 없다고 하는 것이다.

　기업도 마찬가지다. 자신이 보여 주고 싶은 것은 더 좋게 보여 주고, 보여 주고 싶지 않은 것은 없는 것처럼 숨긴다. 광고를 보면 제품의 성능을 화끈하게 보여 주고는 구석에 잘 보이지 않게 "본 광고는 연출된 장면"이라고 적어 소비자가 착각하기 쉽게 만든다. 마치 엄청난 효능을 가진 약처럼 광고하고서는 끝에 "의약품이 아닌 건강보조식품"이라고 아주 짧게 언급하고 넘어가기도 한다. 사실을 밝혔으니 거짓말이 아닐까? 거짓말은 사실과 거짓을 섞었을 때 더 효과가 있다. 더구나 이런 광고는 사실을 더 많이 다루지 않고, 소비자가 착각할 만한 내용을 더 많이 다룬다. 첨가의 거짓말을 하는 셈이다. 그리고 광고는 대부분 기업이 숨기고 싶어 하는 사건과 사고를 굳이 다루지 않는다. 생략의 거짓말을 하는 것이다.

광고 자체가 실제보다 더 좋게 포장하는 것이지만, 너무 거짓말을 해서 소비자에게 피해를 주면 안 되니 공정거래위원회에서는 허위과장 광고를 단속하고 있다. 하지만 여전히 허위과장 광고에 의한 피해가 좀처럼 줄지 않고 있는 실정이다.

허위과장 광고가 가장 많은 분야는 건강기능식품, 화장품, 전자제품, 식음료로 알려져 있다. 더 건강해지고 싶고, 더 예뻐지고 싶고, 더 멋지고 더 편하게 생활하고 싶은 사람들의 마음을 공략하기 위해서다.

거짓말도 친숙해지면 진실이 되는 효과

허위과장 광고를 하면 벌금을 낸다. 그래도 일부 회사는 벌금을 내면서도 똑같은 거짓 광고를 반복한다. 왜일까? 반복해서 사람들에게 친숙하게 만들면 그게 곧 진실이라고 생각하는 심리를 노리기 때문이다. 이런 심리를 '진실착각 효과'라고 한다.

미국 템플대학교 심리학과의 린 해셔와 데이비드 골드스타인 박사 등은 실험 참가자들에게 60개의 문장을 한 주 걸러 읽게 했다. 예를 들자면, "침대는 가구가 아니다."와 "개구리는 파충류다" 와 같은 문장이었다. 그리고 그 문장이 맞는지를 평가해 달라고 부탁했다. 60개의 문장 중에는 참인 것도 있고, 거짓인 것도 있었다. 몇 주 동안 60개 문장 세트를 평가하도록 했다. 그 문장 세트 중에는 예전에 본 문장도 있고, 새롭게 넣은 문장도 있었다.

연구자들은 몇 주 후 마지막으로 실험 참가자에게 문장의 참과 거짓을 평가해 달라고 했다. 참가자들은 문장 자체의 참과 거짓 여부보다 얼마나 자주 그 문장을 봤느냐에 더 영향을 받았다. 개구리가 양서류라는 것을 알았던 사람도 계속 파충류라는 문장을 보자, 그게 진실이라고 생각해서 마음을 바꿨다.

국내에서는 한 가구업체가 "침대는 가구가 아닙니다. 과학입니다"라고 광고한 적이 있었다. 해당 광고를 많이 접한 당시 청소년들이 시험 문제에서 침대는 가구에 포함되지 않는다고 답해서 뉴스에 나올 정도로 화제가 되기도 했다.

욕먹어도 거짓 광고를 반복하는 이유

악의에 찬 거짓말을 하는 사람이나 회사, 정치 집단은 상대가 항의하고 욕을 해도 거짓말을 반복한다. 계속 같은 메시지에 노출시키면 거짓말도 진실이라고 믿을 확률이 높기 때문이다. 이렇게 같은 내용의 소문을 계속 만들어 내는 것은 진실착각 효과를 노리기 때문이다.

기업의 이미지 광고도 마찬가지다. 단지 반복적으로 많이 접했다는 이유로 해당 기업이 만들면 다르다는 생각이 심어진다. 광고에서 보여 주는 것처럼 해당 기업을

생각한다. 인간관계에서도 거짓말이어도 같은 메시지를 반복하면 '정말 그런가' 하면서 마음의 문을 열게 된다.

사람의 능력에는 한계가 있다. 모든 정보를 기억하는 것은 부담이 된다. 새로운 환경에 노출된 사람이 스트레스를 받는 이유 중 하나도 모든 자극이 새로워서 처리해야 할 정보량이 늘어나기 때문이다. 그런데 예전에 들었던 것을 접하면 어떨까? 다른 정보와 달리 상대적으로 정보 처리의 부담이 없다. 더 빠르고 편하게 정보를 처리한다. 편한 마음이 드니 자기도 모르게 긍정적 평가를 내리게 된다. 익숙한 것이 사실로 보이는 것이다.

광고는 진실착각 효과만 노리지 않는다. 경쟁하는 회사의 제품과 조금만 차이가 나도 훨씬 큰 차이가 나는 것처럼 보여 준다. 예를 들어 광고를 활발하게 하는 최신 휴대전화는 평균 이상의 카메라와 처리 속도, 저장 용량을 갖고 있다. 그렇다고 '다른 회사 제품들도 다 비슷하고, 일반인이 차이를 느낄 정도는 아니에요' 라고 솔직하게 광고할 수는 없지 않은가? 다른 회사 제품보다 못

한 부분은 아예 언급하지 않고, 상대적으로 우위가 있는 요소만 비교하기 쉽게 표로 제공하거나, 다른 제품의 후진성을 암시하는 내용을 넣어서 광고를 만든다.

사람들은 절대적인 판단 기준을 갖고 있지 않다. 앞서 말했듯이 안 그래도 여러 정보를 처리하는 것에 부담을 느끼고 있다. 알아서 정보를 비교하도록 하는 게 아니라, 비교한 결과물을 보여 줘서 차이를 더 크게 느끼게 하는 것이다.

경쟁사와 비교하는 것조차 부담되면 아예 한 가지 면에서 자신의 제품이 탁월하다고 느끼게 만든다. 정보 처리에 부담을 느끼는 소비자에게 "이것 하나는 확실히 좋으니 더 복잡하게 알아보지 말고 사세요"라고 말하는 식이다. 그 좋은 면 하나를 더 과장해서 보여 주고, 안 좋은 면들은 다 생략하는 길을 택한다.

전통적으로 애플은 아이폰 광고에서 소프트웨어의 편리함을 강조하고, 삼성은 하드웨어의 탁월한 성능을 강조한다. 아이폰이라고 해서 하드웨어가 완전 구닥다리는 아니다. 하지만 그것을 강조하면 오히려 삼성이나 경쟁사에 뒤지는 인상을 줄 수 있으니 광고에서는 다른 모습을 보여 주려고 한다.

어떤 아파트는 인테리어 디자인을 강조하고, 어떤 아파트는 건물 밖 조경 시설이나 주변 입지를 강조한다. 종합적으로 평균값을 계산했을 때 높은 평가를 받을 수 있는 속성을 두루 갖추고 있다는 식으로 광고하기보다, 특정 측면에서 장점이 있음을 강조할 때 소비자의 선택을 받기 좋았다는 경험 때문이다.

자기 제품을 탁월하게 보이게 하기 위해서 경쟁 제품을 나쁘게 보이는 전략을 쓰기도 한다. 그게 바로 네거티브 광고다. 경쟁사가 광고에서 강조한 것을 한 방에 무너뜨리는 것이다.

예를 들어 디자인이 강점인 등산복 광고는 다음과 같이 진행된다. "등산복은 아주 많습니다. 하지만 그 등산복이 평소에도 입고 다닐 수 있도록 디자인이 산뜻한가요?"라며 디자인을 강조하고, '방한성', '내구성' 등의 속성을 아예 고려 대상에서 빼는 것이다.

가짜 뉴스를 구분하는 방법

사회적으로 나쁜 거짓말 중 가장 대표적인 게 가짜 뉴스다. 가짜 뉴스는 사실이 아니거나 잘못된 생각을 유도하는 정보다. 가짜 뉴스는 특정한 세력이 특정한 목적을 달성하기 위해, 특정한 방향으로 여론을 움직이기 위해, 자신들의 이익을 취하기 위해 만든다.

가짜 뉴스의 역사

가짜 뉴스는 최근 트위터, 유튜브 등 1인 미디어의 발달에 따라 나오는 사회문제처럼 보인다. 하지만 사실 가짜 뉴스는 오래되었다. 1777년, 미국의 초대 대통령인 조지 워싱턴이 작성했다는 편지들이 공개되어 파문이 일었다. 미국이 영국으로부터 독립하길 원하지 않는다는 내용의 편지였다. 미국이 영국으로부터 독립해서 대통령을 뽑는 상황에서 조지 워싱턴의 적들은 이 편지를 적극적으로 활용해 조지 워싱턴을 공격했다. 편지는 사실 위조된 것이었다. 하지만 적들은 임기 내내 편지를 언급하며 조지 워싱턴을 괴롭혔다. 급기야 조지 워싱턴은 공개적으로 편지가 위조되었으며 자신과 관련 없다고 일부러 밝혀야 했다.

적들은 그것으로도 만족했다. 코끼리를 생각하지 말라고 하면 코끼리부터 생각나는 것처럼, "내가 작성하지 않았습니다"라고 말하면 조지 워싱턴이 편지를 쓰는 장면부터 국민의 머릿속에 떠오르기 때문이었다. 일단 머릿속에 떠오르면 아니 땐 굴뚝에 연기 날까 싶어 계속 이야기가 이야기를 만들고 결국 음모론이 나오게 된다.

한국인도 일찌감치 가짜 뉴스의 폐해에 노출되어 심각한 상처를 입은 적이 있다. 1923년 9월 1일 일본 간토 지역에 대지진이 발생했다. 10만 명 이상이 사망하고, 3,700여 명이 실종했으며, 1만 9,000여 채의 건물이 파괴된 어마어마한 지진이었다. 그런데 당시 일본 정부는 일본인의 슬픔과 분노를 잠재우고자 조선인들이 우물에 독을 타고 폭동을 일으켰다는 가짜 뉴스를 대대적으로 살포했다.

'조선인 폭동'이라는 이

간토대지진 조선인 학살

지진으로 혼란스러운 와중에 일본의 민간인과 경찰은 조선인을 무차별적으로 학살했다. 6,000명 이상의 조선인이 희생되었다. 수만 명의 희생자가 나왔다는 주장도 있다.

간토대지진 당시 "조선인들이 폭동을 조장하고 있다"라
는 내용의 기사가 실린 1923년 9월 10일자 〈매일신보〉.

있지도 않은 사건 때문에 실제로 조선인 학살이 벌어졌다. 그리고 일본 정부는 혹시나 3.1운동과 같은 일이 벌어질까 싶어 일본과 한반도에 있던 모든 언론을 통제했다. 정보가 없는 상태에서 조선에서는 재난을 당한 일본인을 인류애 차원에서 돕자는 모금 운동까지 일어났다. 조선인 학살 소문을 들은 사람들은 조선인을 위해서만 모금을 하고 전달하려고 노력했지만, 조선총독부의 방해로 크게 성공하지는 못했다.

1945년에도 가짜 뉴스가 한국인을 괴롭혔다. 1945년 8월 15일 일제로부터 해방된 이후 온 국민은 행복한 나라를 새롭게 만들 희망으로 부푼 나날을 보냈다. 그 해 12월 〈동아일보〉는 "소련은 38선 분할 점령의 음모를 갖고 있고, 미국은 조선의 즉시 독립을 원하고 있다"라는 내용의 기사를 내보냈다. 사람들은 해방 이후 독립을 지지한다는 미국을 응원했다. 하지만 사실 미국은 1948년까지 군대를 남겼을 뿐 아니라, 미국 군인에게 한국의 통치를 맡겼다. 그 사이에 친일파들은 미국에 재빨리 아부해서 독립운동가를 처단하고 고위직을 차지했다. 한국의 정치가 현재의 모습을 갖추게 된 데에 가짜 뉴스가 한몫한 것이다.

2016년 12월에도 가짜 뉴스 때문에 전 세계가 핵전쟁의 위협에 놓인 적이 있었다. 이스라엘의 국방장관이 파키스탄에 핵공격을 하겠다고 위협했다는 가짜 뉴스를 읽은 파키스탄의 카와자 무하메드 아시프 국방장관이 이스라엘을 향해 양국 간의 핵전쟁을 위협하는 트위터 메시지를 보낸 것이다. 나중에 오해임이 밝혀져 별 탈 없이 넘어가기는 했다. 하지만 가짜 뉴스 때문에 핵전쟁까지 날 수 있는 현실에 현대인이 살고 있음을 충분히 보여 주었다.

2017년 우리나라에서는 촛불시위를 둘러싸고 많은 가짜 뉴스가 쏟아져 세상을 더 혼란스럽게 했다. 댓글을 조작하고, 포스팅을 조작하는 기술까지 정교해져 심각성은 더 커졌다. 가짜 뉴스를 제작하는 비용은 적다. 하지만 사회적으로 가짜 뉴스를 선별하고, 삭제하고, 유포자를 제재하는 등의 대응 비용은 많이 든다. 그렇다 보니 제대로 가짜 뉴스를 없애지 못하고 있다. 가짜 뉴스를 제작하는 세력은 그것을 노리고 있다.

SNS는 가짜 뉴스를 퍼뜨리는 제일 간단한 플랫폼이다. 글쓴이의 전문성과 사실 여부가 아니라, '좋아요' 클릭 수와 팔로워의 숫자로 가짜 뉴스도 진실처럼 보이게 만든다. 확인되지 않은 정보를 누구나 자유롭게 인터넷에 뿌릴 수 있는 시대에는 가짜 뉴스 문제가 더 심각해진다. 정치, 사회 분야의 가짜 뉴스만 문제가 되는 것은 아니다. 건강과 직결되는 의학 분야에서는 가짜 과학 저널, 가짜 전문가를 내세워 그럴듯해 보이는 연구 결과가 마치 사실인 것처럼 SNS에 돌아다니고 있다. 연예인과 관련된 가짜 뉴스는 당사자가 극단적 선택을 하도록 몰아붙이기도 한다.

페이스북 등 SNS는 그 어떤 채널보다 많은 사람에게 뉴스를 공급하고 있다. 그런데 SNS는 언론의 편집자처럼 사실 여부를 먼저 확인하는 과정을 거치지 않는다. 심지어 기존 언론도 독자의 관심을 더 받기 위해 사실이 아닌 자신의 뉴스링크를 자극적으로 SNS에 퍼뜨리기도 한다.

가짜 뉴스를 만드는 심리와 거짓 정보에 빠지는 이유

정보를 조작하거나 누군가의 명예와 사생활을 망칠 악의를 갖고 만든 가짜 뉴스의 문제는 매우 심각하다. 사회적 심각성이 제기된 지 오래지만 가짜 뉴스는 공급자와 수요자의 심리가 복잡하게 결합되어 쉽게 없어지지 않는다.

인터넷 익명 게시판에 몰래 소문을 내는 것도 아니고, 자신이 뻔히 가짜 뉴스 유포에 책임을 져야 하는데 1인 미디어를 운영하는 사람들은 왜 가짜 뉴스를 만들까?

첫째, 마키아벨리즘 성향 때문이다. 마키아벨리즘은 본래 국가의 유지와 발전을 위해 어떠한 수단이나 방법도 가리지 않는 국가 지상주의적 정치사상을 가리킨다. 1인 미디어 인터넷 이용자들이 콘텐츠를 조회하고 '좋아요'를 누르면 공급자는 경제적 이익을 얻는다. 그렇다고 모든 공급자가 가짜 뉴스를 올려서 '좋아요'를 받고 싶어 하지는 않는다. 수단과 방법을 가리지 않는 마키아벨리즘 성향의 사람은 자신의 이익을 위해 남을 속이고 조작하는 데 능숙하다. 목표를 이루는 데 거짓말은 효과가 있다고 생각한다. 오히려 거짓말을 하지 않으면 무능하다 생각하며, 정보를 조작하고 악의적인 뉴스를 당당하게 제작한다.

둘째, 나르시시즘 성향 때문이다. 나르시시즘은 다른 사람의 관심과 인정을 받는 게 최우선이다. 최우선 목표를 위해서라면 굳이 자신이 조작하지 않더라도 누군가의 이익을 침해하거나 아직 사실 여부가 확인되지 않은 정보를 발표하는 것쯤은 아무것도 아니라고 생각한다. 자신이 남보다 더 뛰어나다는 나르시시즘 성향은 가짜 뉴스의 소비자도 갖고 있다. 남들이 잘 알지 못하는 새로운 뉴스를 남보다 먼저 접하고, 남보다 빨리 공유할 때 더 관심과 인정을 받을 수 있기에 사실 확인 없이 빨리 공유하고 본다. 덕분에 가짜 뉴스는 공급자의 손을 떠나 소비자 사이에서 더 빨리 퍼진다.

나르시시즘 성향이 강하지 않은 일반인들도 가짜 뉴스에 현혹되기 쉽다. 인간이라면 누구나 갖고 있는 보편적 욕구와 인지 편향 때문이다.

첫째, 진실 추구의 욕구다. 사람들은 물건도 가짜보다는 진짜를 좋아하고, 사건도 거짓보다는 진실을 알고 싶어 한다. 가짜 뉴스와 가장 어울리지 않는 욕구처럼 보이지만, 이 진실 추구의 욕구 때문에 가짜 뉴스에 더 많이 빠진다.

사람은 객관적 진실을 원한다고 말한다. 하지만 사실은 자신의 기존 신념과 맞는 진실을 추구한다. 자기의 신념과 맞지 않는 정보는 부정확하거나 예외라고 생각하고 무시하는 반면 자기의 신

넘과 맞으면 진실하다고 생각한다. 이렇게 진실 추구의 욕구는 신념에 맞는 것만 취사선택하는 '확증 편향'을 만든다. 사람은 자신이 싫어하는 정치인, 연예인, 주변인과 관련된 부정적인 뉴스가 나오면 반갑게 읽는다. 하지만 자신의 신념과 맞지 않는 정보가 나오면 그게 사실이어도 부정한다. 그 과정에서 자신의 신념과 맞는 진실을 추구하기 위해 가짜 뉴스를 찾는다.

둘째, 불확실성에 대한 예민함 때문이다. 어떤 사람들은 불확실성을 잘 참지 못한다. 어떻게든 불확실성을 해소하기 위해 의미 있는 정보를 찾는다. 그 정보가 가짜 정보여도 그냥 불확실하게 놔두는 것보다 마음이 편하면 선택한다. 이런 유형의 사람들은 음모론에 잘 빠진다.

음모론에 잘 등장하는 곳이 미국의 국가정보기관인 CIA나 연방수사국인 FBI, 백악관, 청와대, 국정원 등 극비사항을 취급하는 곳이다. 세상에서는 일반인에게는 공개되지 않는 비밀을 취급하는 기관이 있다. 불확실성에 예민한 사람은 이런 점에 집착한다. 불확실성을 떨쳐내기 위해서는 출처도 불분명한 내용에 의지한다.

셋째, '정신적 게으름' 때문이다. 매사추세츠 공과대학교의 심리학자 데이비드 랜드의 주장에 따르면, 사람들에게 언론사별 신뢰성 순위 평가를 시키거나 논리 퍼즐을 풀게 하고 나서 뉴스를 보게 하면 가짜 뉴스에 덜 현혹된다. 문제는 멍하니 게으르게 시간을 때우기 위해 선택하는 게 SNS라는 점이다. 결국 SNS는 1인

미디어가 만드는 가짜 뉴스가 활개 치기 좋은 공간이 된다.

넷째, 부정성 효과negativity effect 때문이다. 사람들은 긍정적인 이야기보다는 부정적인 이야기에 더 민감하다. 매번 잘 해주던 사람이 한 번 서운하게 했을 때 그것을 더 잘 기억하는 것도 부정성 효과 덕분이다. 가짜 뉴스는 긍정적인 내용보다는 특정 인물, 특정 세력의 추문, 실수 등 부정적 내용을 더 많이 다룬다. 가짜 뉴스가 부정적 사건을 다뤄도 사람들이 긍정적 사건에 더 관심을 기울이는 기본 성향이 있다면 지금처럼 쉽게 현혹되지 않았을 것이다. 그러나 불행히도 인간은 생존을 위해 부정성에 더 민감한 인지 편향을 갖고 있다.

가짜 뉴스에서 벗어나는 방법

여러 심리적 이유를 따져 보면 가짜 뉴스에서 벗어나기 힘들어 보인다. 힘들기는 해도 불가능하지는 않다. 가짜 뉴스에서 벗어나려면 일단 가짜를 판별하는 눈부터 길러야 한다. 가짜 뉴스는 이미지를 적극 활용한다. 그 이미지는 조작된 사진이거나 맥락과 상관없이 가져온 것이다. 애매한 글과 달리 사진이 자극적이거나 양이 많다면 가짜 뉴스를 의심해야 한다.

뉴스를 전달하는 곳이 자극적인 제목투성이고 과하게 광고로 도배되어 있다면, 클릭에 따른 수익을 노리고 가짜 뉴스를 양산하는 곳일 수 있다. 심호흡을 하고 비판적 사고를 하려고 노력하면서 뉴스를 봐야 한다.

무엇보다 가짜 뉴스는 독자의 이성적 판단을 막기 위해 "이유를 불문하고 공유해 주세요"라는 문구를 넣거나 "선 공유 후 필독", "긴급 속보" 등의 문구를 사용한다. 제목이 지나치게 자극적이거나 감성적이라면 비판적 사고를 싫어하는 가짜 뉴스일 가능성이 크다.

가짜 뉴스는 '인지적 종결 욕구'를 적극 활용한다. 이는 불확실한 것을 참지 못하는 심리다. 숲속에 숨어 맹수를 두려워하는 동물처럼, 불확실성은 위험하다고 사람들은 본능적으로 인식한다. 그래서 불확실성을 어떻게든 해결하려고 한다. 가짜 뉴스에서 의문문으로 의혹을 제기해도 인지적 종결 욕구 때문에 사실을 단정하는 평서문으로 해석한다. 마음이 불편해도 불확실성을 받아들이려 노력해야 가짜 뉴스에 당하지 않을 수 있다.

가짜 뉴스는 같은 주장을 계속 반복한다. 무언가를 반복해서 접하다 보면 그것을 진실인 것으로 받아들이는 진실착각 효과를 노리기 때문이다.

1992년 캐나다의 맥매스터대학교 심리학과의 이언 M. 벡 박사의 연구에서는 실험 참가자에게 특정 문장이 거짓이라고 미리 이야기해

> **진실착각 효과의 원리**
>
> 뇌는 새로운 정보의 진실성 여부를 판단할 때 기존에 알던 정보와 얼마나 일치하는지, 얼마나 익숙한지를 기준으로 따른다. 이 두 조건을 만족하면 사실이 아닌 것도 일단 사실로 받아들인다.

주기까지 했다. 하지만 실험 참가자는 그 문장이 예전에 나온 것과 비슷하다는 이유로 거짓이 아닌 사실이라고 판단했다.

미국의 도널드 트럼프 대통령은 후보 시절인 2016년 선거 기간 동안 트위터나 연설을 통해 미국의 범죄율이 치솟고 있다고 가짜 뉴스를 퍼뜨렸다. 설문 조사를 보면 트럼프 지지 여부와 상관없이 유권자의 57퍼센트가 미국의 범죄율이 오바마 대통령이 재임한 8년을 거치며 더 높아졌다고 답했다. FBI 통계에 따르면, 오바마 정권 8년간 범죄율은 20퍼센트나 낮아졌다. 누군가 반복적인 주장을 한다면 일부러 그에 반대하는 주장의 근거도 찾아봐야 가짜 뉴스에 현혹되지 않는다.

결국 정신적 게으름에서 벗어나 꼼꼼하게 비판적으로 판단해야 가짜 뉴스에서 벗어날 수 있다. 늘 꼼꼼하기 힘들면, 자기의 신념과 달라 불편해도 객관적 진실을 더 많이 전달하는 뉴스 공급처를 찾는 노력이라도 해야 한다.

뉴스를 판단하기 위해서는 통찰력이 필요하니 책을 읽는 것도 좋은 방법이다. SNS는 책보다 소문에 더 가깝다. 책을 읽을 때도 반대 주장을 담은 책도 참고해서 읽는다면 가짜 뉴스를 거르는 눈을 기를 수 있다.

마케팅은 물건이나 서비스를 파는 모든 행위를 말한다. 마케팅 기획자는 고객을 설득하기 위해서 광고를 하고, 고객의 불만 사항을 접수하고, 고객을 위한 서비스를 실행하는 등의 다양한 일을 한다.

과거에는 마케팅을 주로 경영학의 영역으로 보고, 경영학 전공자를 선호했다. 하지만 현대에는 다양한 심리 상태를 가진 고객을 상대하다 보니 인간의 마음을 이해하는 심리학 지식이 필요하다는 인식이 더 퍼지고 있다. 덕분에 심리학 전공자들의 진출이 점점 많아지고 있다.

마케팅 기획자가 하는 업무는 자신들의 '제품과 서비스를 알려 판매에 이르게 하는 것'인데, 초기에는 신문, 라디오, 텔레비

전 광고 등의 대중매체를 적극적으로 활용했다. 특히 한눈에 고객의 마음을 사로잡는 '카피라이팅'의 기술이 중요했다. 지금도 광고는 제품이나 서비스를 한 줄로 정리하는 핵심적인 카피를 중요시한다.

그런데 요즘에는 오프라인 인쇄 매체나 기존 미디어에만 마케팅을 의존하지 않는다. 바야흐로 '디지털 마케팅'의 시대다. 온라인의 발전으로 마케팅 매체가 매우 다양해졌다. 구글과 같은 검색엔진의 검색 광고와 배너 광고, 이메일 마케팅, SNS 유료 광고와 온라인 커뮤니티 운영을 하고 있다. 특히 인스타그램, 페이스북, 트위터, 유튜브 등을 활용한 소셜 미디어 마케팅은 인플루언서라고 하는 새로운 직업군을 만들기도 했다.

디지털 마케팅은 원하는 고객에게만 확실하게 광고를 노출하는 홍보 방법이다. 그래서 디지털 마케팅을 잘 활용하는 사람은 어느 기업과 기관에서나 환영을 받고 있다.

마케팅 기획자는 오프라인에서 고객을 만날 수 있는 매장, 오프라인 광고 창구 이외에 온라인상에 있는 다양한 마케팅 채널들을 잘 활용해서 입소문이 나는 콘텐츠를 제작해 배포하고, 해당 마케팅의 성공 여부를 객관적으로 분석하는 업무를 담당한다. 따라서 평소 사람의 눈길을 확실히 잡을 수 있는 이미지, 사람들이 관심 있는 최신 트렌드에 주목해서 분석하는 태도를 기본적으로 갖고 있어야 한다.

마케팅 기획자의 업무 중에는 콘텐츠를 만드는 일도 있다. 유튜브 등에 쓰일 영상을 제작하기도 하고, SNS에서 사람들의 관심을 받을 만한 문구와 이미지를 뽑고, 카드뉴스를 제작하고, 언론사에 홍보해 달라고 기삿거리를 만들어 보도자료를 배포하기도 한다.

과거에는 이 모든 것을 개인적 창의성과 직관에 많이 의존했다. 하지만 온라인 시대에서는 고객이 구체적으로 어떤 광고를 클릭하고 얼마나 오래 봤고 실제로 구매는 어떻게 했는지를 추적할 수 있다. 그래서 창의성보다 점점 더 분석을 바탕으로 기존의 것을 재조합해 고객의 관심을 끌 광고를 기획하는 능력이 필요하다.

국제적 취업 조사 회사인 온워드서치가 2016년에 조사한 결과, 마케팅 기획자에 해당하는 '마케팅 분석가'와 '디지털 마케팅 매니저'가 앞으로 가장 수요가 높은 일자리로 선정되었다. 인간의 심리에 대한 관심과 지식, 콘텐츠에 대한 감각 이외에도 필요한 것이 있다. 해외를 공략하려는 회사가 많아지는 만큼 마케터도 해외 시장 개척을 위해 외국어 실력이 필요한 경우가 많아지고 있다. 청소년, 대학생 대상의 광고 관련 공모전도 다양하게 있으니 관심 있는 사람은 도전해 보기를 추천한다.

기업에서만 마케팅 기획자가 필요한 게 아니다. 정부, 지방자치단체, 정당 등도 이제는 일부 전문가의 '감'이나 '직관'에 의지해서 정책을 만들지 않는다. 여론조사, 시장조사를 실시해서 '분석'에 바탕을 둔 실제적인 계획을 세우기 위해 노력하고 있다. 그래서 '사회조사분석사'라는 직업이 탄생했다.

　사회조사분석사는 다양한 사회 정보의 수집·분석·활용을 담당하는 새로운 직종이다. 한마디로 사회조사 및 통계분석 전문가이다. 주로 경영, 조사 기획, 자료 분석, 마케팅 분야에서 일하게 된다. 그러므로 조사방법론, 사회통계, 통계분석 실무 등의 지식이 필요하다. 자신이 분석한 것을 다른 사람이 이해할 수 있도록 보고서로 작성하는 능력도 필요하다.

과거의 사회조사는 사람이 일일이 설문지를 나눠주고 응답을 받는 식이었다. 하지만 디지털 시대에는 온라인에서 설문지를 나눠주고 곧바로 응답을 받아 신속하게 분석할 수 있는 환경이 갖춰졌기에 사회조사분석사의 수요는 더 커지고 있다.

　특히 사회적으로 국민의 의식 수준이 높아져서 수준 낮은 정부, 지방자치단체, 정당은 살아남지 못하게 되었다. 그래서 국민의 마음에 맞는 정책을 실시하고, 잘못된 정책 때문에 생기는 피해를 사전에 막기 위해 사회조사와 여론조사가 더 많아질 전망이다.

　사회조사분석사는 각종 정부와 단체가 해야 하는 조사를 계획해 실행하고, 분석하고, 보고하는 종합적 기획 및 실행 능력을 갖추어야 한다. 전통적인 문과의 영역이라고 생각했던 사회조사방법론도 공부해야 하고, 수학적인 수치 계산과 논리 정연한 사고력도 필요하다. 그런데 조사의 목적이 결국 정책에 영향을 받는 사람의 마음을 알아내는 것이기에 심리학 지식이 있어야 경쟁력을 얻을 수 있다. 조사도 잘하고 분석도 잘했는데, 정작 알아봐야 하는 사람의 마음이 아닌 다른 것에 대한 정보만 얻었다면 결국 원하는 정책을 제대로 펼 수 없기 때문이다.

　앞으로는 각종 연구소, 국회, 정당, 통계청, 행정부, 지방자치단체뿐 아니라 불특정 다수를 상대해야 하는 기업체, 사회단체 등의 조사 업무를 담당하는 부서들에 사회조사분석사가 더 필요할 것으로 전망된다.

사회조사분석사는 국가공인자격증이라서 한국산업인력공단
에서 시험을 대행하고 있다. 시험은 필기와 실기로 진행하고 있
으며, 1급과 2급으로 나뉜다. 1급은 시험만 잘 본다고 되는 것이
아니라, 2급 자격을 취득한 후 해당 실무에 2년~3년 이상 종사한
경험이 있어야 한다.

2020년까지 사회조사분석사 2급 자격증을 가진 사람은 2만
9,236명이다. 하지만 1급 소지자의 경우는 다르다. 필기에 129명
이 응시해서 74명이 합격했으며, 실기에는 100명이 응시해서 14
명이 합격했다. 2018년까지 사회조사분석사 1급 소지자는 289명
에 지나지 않는다. 시험이 어려울 수도 있지만, 아직 소수이기 때
문에 그만큼 경쟁력이 있는 자격증이라고 할 수 있다.

통계청, 공공기관, 리서치나 마케팅 관련 회사에서는 사회조
사분석사를 필수 자격 요건으로 정하거나, 가산점을 줘서 우대
하고 있다.

3장

꾼들의 거짓말은
어떻게 다를까?

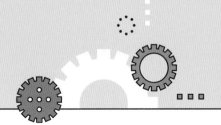

사기꾼의 머리는 정상인과 다르다. 뇌에 있는 편도체가
감각을 잃어서 죄책감도 없다. 뇌를 연구해 거짓말쟁이를
구별해 내려는 과학자들의 노력은 계속되고 있다.

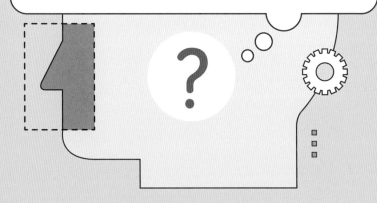

사기꾼의 거짓말

거짓말의 수법은 그야말로 다양하다. 한국소비자보호원이 분석한 거짓말 유형은 모두 쉰여섯 가지나 된다. 주식 등 금융 사기뿐 아니라 결혼, 취업, 입학, 병역, 도박, 연예인 캐스팅 등 사회의 전 부문이 거짓말로 뒤덮여 있으며, 전자상거래 사기 등 새로운 시스템이 생길 때마다 그에 맞는 거짓말도 끊임없이 쏟아져 나오고 있다. 어디든 이익이 있는 곳이면 그것을 탐하는 거짓말쟁이가 있는 셈이다.

거짓말은 소수의 나쁜 사람만 하는 것이 아니다. 자신의 열정과 종교적 신념을 다해 신을 기리는 바티칸 성당을 짓기까지 한 이탈리아의 화가 미켈란젤로도 거짓말을 했다.

어느 날 친구가 미켈란젤로를 찾았다. 그리고 미켈란젤로의 조각 작품인 〈잠자는 큐피드〉를 감상하고 이렇게 말했다.

> "이 조각 작품을 한동안 땅에 묻었다 파낸 후 고대 조각 작품이
> 라며 로마에 보내 보게. 그러면 십중팔구 자네가 지금 피렌체에
> 서 받는 것보다 훨씬 많은 돈을 벌 걸세."

미켈란젤로는 친구가 말한 대로 조각상을 땅에 묻었고, 나중에
그 친구가 직접 조각상을 파서 로마로 가지고 갔다. 그리고 조르
조 추기경에게 비싼 값을 받고 팔았다. 나중에 추기경이 자기가
속았음을 알고 돈을 돌려달라고 했지만 조각상도 제대로 볼 줄
모른다며 웃음거리만 되고 말았다. 이런 일로 능력에 비해 보잘
것없던 명성은 더욱 높아졌고, 이를 기반으로 미켈란젤로는 결국
최고의 자리에 오르게 되었다. 그래서일까? 미켈란젤로는 큰 성
공을 거두고 나서도 자신이 원하는 것을 얻게 해주는 거짓말의
유혹에 약했던 듯하다.

미켈란젤로는 많은 위작을 만든 것으로 유명하다. 옛 대가들의
그림을 베끼거나 자신이 만든 것을 오래된 것처럼 꾸미는 기술
이 대단해서 빌려온 원본 대신 자신이 만든 가짜를 돌려줘도 모
를 정도였다.

미켈란젤로의 위작 중에서 가장 논란이 되는 것이 〈라오콘상〉
이다. 〈라오콘상〉은 헬레니즘 시대 대표적 조각가인 아타노도로

미켈란젤로는 대가들의 작품을 베끼거나 오래된 것처럼
꾸미는 기술이 대단했다.

스, 하게산드로스, 폴리도로스가 힘을 합쳐 만든 것으로 알려져 있다. 하지만 미국 컬럼비아대학교 린 캐터슨 교수에 따르면 〈라오콘상〉은 미켈란젤로가 〈피에타상〉을 만들면서 같이 제작한 것이다. 캐터슨 교수는 〈라오콘상〉이 미켈란젤로의 1501년 스케치와 비슷하고, 당시 거액을 들여 대리석을 사들인 장부 내용과 미켈란젤로가 원래 모작에 능했다는 사실을 통해 〈라오콘상〉이 위작이라고 주장한다. 그리고 3명이 합작했다는 〈라오콘상〉이 일곱 부분으로 나뉘어 있는 것을 지적하며, 이렇게 나눈 것은 미켈란젤로가 만들어 몰래 바깥으로 옮길 때 눈에 띄지 않게 하기 위해서였다고 주장한다.

만약 〈라오콘상〉이 위작이라면 미켈란젤로는 어떤 이득을 얻으려고 거짓말을 한 것일까? 당시는 미술가가 귀족이나 종교계 인사의 후원을 받아 살아가던 시대였다. 미켈란젤로 역시 예외가 아니어서 당대 최고의 갑부였던 메디치 가문의 후원금을 받아 내려고 위작을 만들어 묻어 놓고 발견하는 식의 거짓말을 반복했다는 설이 유력하다. 이 이론에 따르면, 위대한 예술가가 위대한 사기꾼이기도 한 것이다.

거짓말은 약점을 파고든다

위대한 예술가가 아니어도 예술적으로 사기를 치는 사람은 많이 있다. 얼굴을 마주하거나 대화를 하지 않고도 사기를 치는 사람

들이다. 바로 보이스피싱 사
기꾼이다.

보이스피싱 문자 중에는
원금 보장은 물론, 연간 20~
25퍼센트의 고수익을 얻도
록 해주겠다는 내용이 많다.
웬만한 은행 이자보다 훨씬 높은 수익을 올려 주겠다는 말에 마
음이 혹하는 사람들이 있어 이런 보이스피싱 문자는 없어지지
않는다.

보이스피싱 문자만이 아니다. 고수익 금융 상품을 특별히 소
개해 준다는 자산관리사의 말을 믿고 돈을 맡겼다가 사기를 당
하는 경우도 많다. 참고로 우리나라에서 가장 많이 발생하는 범
죄의 유형은 사기 및 공갈이다. 보통 상해와 폭행 사건의 두 배에
해당하는 사기 사건이 벌어진다.

인터넷 검색 사이트에서 '투자 사기'라는 단어를 치면 검색 결
과가 어마어마하게 나온다. 최근에는 블록체인 산업에 대한 관심
으로 가상화폐 투자 사기까지 더해져 상황이 더욱 복잡해졌다.

복잡하다고 했지만, 사기의 과정은 단순하다. 사기꾼이 피해자
에게 접근한다. 사기꾼은 거짓말을 한다. 그런데 피해자는 그 거
짓말을 진실이라고 생각해서 돈을 준다. 사기꾼은 돈을 받고 사
라진다. 사기꾼의 사기 과정이 다 공개되어 있는데도 왜 사기는

없어지지 않을까?

　일단 가해자의 한탕 심리 때문이다. 가해자인 사기꾼은 열심히 노력해서 사기를 치지만, 열심히 일해서 돈을 벌 생각은 없다. 남이 열심히 벌어 놓은 돈을 한 번에 다 뺏고 싶어 한다. 피해자도 한 번에 모든 상황을 반전시킬 기회를 잡고 싶어 한다. 그런데 현실에서는 한 번에 모든 것이 다 바뀌는 기회는 흔치 않다. 흔하지 않으니 더 매달린다. 한 방의 기회가 사실이기를 바라는 마음이 크다 보니, 반대되는 증거가 나와도 믿으려 하지 않는다. 심리학에서는 이런 사고방식을 '희망적 사고'라고 한다.

　사기 사건 피해자는 대부분 이미 큰돈을 잃은 경험이 있거나, 자신이 원래 누려야 할 것을 누리지 못하고 있다며 억울해하는 상태에서 사기꾼을 만난다. 감정적으로 흔들리는 상황에서 사기꾼의 말을 들으니 합리적인 판단을 하지 못하고, 사기꾼이 말하는 대로 보고 생각하게 된다.

　"지금 이 사람은 상식보다 탐욕이 크다. 탐욕스러운 사람, 세상을 모르는 사람, 세상을 너무 잘 아는 사람, 모두 다 우리를 만날 수 있다. 사기는 테크닉이 아니다. 심리전이다. 그 사람이 뭘 원하는지, 그 사람이 뭘 두려워하는지 알면, 게임 끝이다."

　2004년에 개봉한 〈범죄의 재구성〉이라는 영화의 마지막 대사다. 가해자인 사기꾼도 탐욕이 있고, 피해자도 탐욕이 있다. 탐욕이 서로 만나는 지점에서 사기가 일어난다.

위의 영화 대사처럼 사기는 욕망이 아니라 두려움에서도 나온다. 보이스피싱 사기범은 상대방이 두려워하는 상황을 제시하고 상대방이 다른 생각을 하지 못하게 몰아붙여서 돈을 빼내기도 한다. 아이를 납치했다거나 회사에 다니는 자식이 큰 손실을 입혀서 갚아야 한다거나 혹은 계좌가 범죄에 유용되었으니 다른 곳으로 옮겨야 한다는 식이다. 상황은 각기 달라도 결국에는 상대가 두려워하는 내용이라는 공통점이 있다.

일반적으로 사람은 두려움을 갖기 쉽다. 사기꾼은 그 욕심과 두려움을 노리고 활동한다. 반대로 욕심과 두려움이 없거나 잘 억누르는 사람에게는 사기꾼이 꼬이지 않는다.

마리아 코니코바의 《뒤통수의 심리학》에 따르면, 사람은 '믿고 싶어 하는 것'이나 '믿고 있는 것'에 의해서 사기를 당한다. 자신이 별로 갖고 싶지 않았던 돈이나 물건을 갖고 싶다고 믿게 만들어서 투자하게 하는 경우도 있다. 원래 주식 투자를 잘 모르는 사람에게 투자 수익금을 나눠줘서 재미를 느끼게 한 다음 더 많은 투자금을 뜯어내거나, 명품을 선물해서 좋아하게 만든 다음에 가짜 명품을 왕창 사게 하는 식이다.

만약 피해자가 이미 게임 분야가 유망하다고 믿고 있다면, 사기꾼은 자신이 게임 개발 회사의 대표인 척한다. 피해자는 투자

하면 곧 이득이 날 것이라고 믿고 있어서 돈을 재빨리 투자한다. 결국 '믿고 싶어 하는 것'이나 '믿고 있는 것'이나 모두 '믿음'의 문제이다.

치밀할수록 진실하게 보이는 거짓말

미국 스크립스대학의 심리학 교수 스테이시 우드는 전단지나 문자, 전화 등 직접 얼굴을 보고 만나지 않는데도 사기를 당하는 소비자의 심리를 연구했다. 사기꾼이 사용한 제안을 분석한 결과, 사기임에도 그 내용에는 진정성이 높아 보이는 세부사항이 많이 있었다.

일단 소비자가 잘 모르는 정보를 마구 쏟아 놓지 않았다. 소비자에게 친근한 회사 이름, 제품 이름을 넣어 신뢰감을 줬다. 그리고 사기 편지에 적힌 회사의 이름, 주소도 소비자가 믿을 만하게 세세하게 적었다. 그리고 전화번호도 각 지역의 번호를 사용해서 실제로 그 지역에서 믿음직하게 사업을 하고 있는 사업체인 척했다. 그리고 과거 해당 제품을 구매했거나 투자했거나, 이용한 사람들의 사진과 행복한 후기를 제안서와 함께 보냈다. 회사 직원이 회사 건물 앞에서 찍은 사진까지 보내는 경우도 있었다.

이런 정보를 보는 소비자는 '사기꾼이라면 이렇게 자기 얼굴을 공개하지는 않았을 거야'라고 생각하기 쉽다. 허락 없이 가져왔거나 합성된 가짜 사진이라는 생각은 하지 못한다.

보이스피싱이든 전단지 사기든 직접 만나서 치는 사기든, 사기꾼은 사기를 치기 위해 모든 것을 거는 사람이다.

사기꾼은 신뢰성을 주기 위해 일부러 법적인 용어를 늘어놓기도 한다. 그리고 끝에는 이렇게 적었다.

"○○카드 이용자로서 개인정보 공유를 동의하셔서 귀하에 대한 정보를 얻어 연락드립니다. 귀하는 본 회사의 심사를 거쳐 투자자로 당첨되셨습니다. 일주일간 연락이 없으면 대기 중인 다른 후보자에게 자동으로 우선권이 넘어갑니다. 일주일 후에는 그 어떤 법적 권한도 없음을 미리 밝힙니다."

운이 나빠서 힘들게 살아왔다고 생각했던 사람에게 '당첨'이라는 말은 가슴 떨리게 하기 충분하다. 더구나 일주일 후에는 그 행운이 사라진다. 행운은 빨리 잡아야 하니, 서둘러 전화를 건다. 전화기 저쪽에서 상냥하게 사업 내용을 설명해 준다. 그리고 서두르지 않으면 다음 대기자에게 넘어간다는 사실도 알려준다. 피해자는 마치 타임세일을 놓치지 않고 물건을 사야 하는 것처럼 압박감을 느껴서 계약금을 입금한다. 그다음에는 계약금이 아까워서 더 많은 금액을 넣는다.

이러한 사기 과정을 알게 된 스테이시 우드 교수는 편지로 투자를 권하는 일종의 사기 조작 실험을 했다.

첫 번째 실험에서 우드 교수는 211명의 참가자에게 편지를 보냈다. 그러고 나서 편지에 있는 연락처에 전화를 하고 싶어 하는 정도를 표현해달라고 요청했다. 응답자 중 48퍼센트가 전화할 용의를 느꼈다. 절반에 가까운 사람이 사기에 걸릴 위험은 낮게 보고, 행운의 당첨을 누릴 이익은 크게 봤다.

두 번째 실험에서는 291명에게 같은 편지를 보냈지만, 편지 마지막 내용에 전화를 할 때는 신청 비용이 든다고 덧붙였다. 최소 5,000원부터 최대 10만 원 정도를 내야 한다고 말했다. 참가자의 25퍼센트 가까이가 연락할 의사를 보였다. 사기꾼이 말하는 엄청난 이익을 볼 수 있는데 신청비 10만 원은 아무것도 아닌 것처럼 느껴졌기 때문이다. 오히려 신청비가 있다는 게 더 진실되어 보였다.

나중에 추가 설문을 했는데 참가자의 약 60퍼센트가 이 제안이 사기일 것이라고 생각했는데도 이익이 될 잠재성도 있다고 봤다. 보상이 크면 위험은 사소해 보인다. 위험이 있다는 것을 알아도 감내할 수 있다고 생각한다. 마치 당첨 확률은 극히 낮지만, 당첨자는 있으니 한번 해볼 만한 로또 복권처럼 말이다.

보이스피싱이든 전단지 사기든 직접 만나서 치는 사기든, 사기꾼은 사기를 치기 위해 모든 것을 거는 사람이다. 사기꾼보다 본인이 더 똑똑하다는 생각으로 "나중에 사기인 것 같으면 발을 빼면 돼"라고 생각해서는 안 된다. 그렇게 자신감에 찬 사람일수록 사기꾼의 목표물이 된다.

사기는 일단 예방이 최고다. 즉 사기를 당할 가능성을 줄이는 게 최우선이다. 보이스피싱을 피할 수 있는 앱을 깔아서 전화를 받지 않고, 의심되는 문자는 수신 거부하거나 아예 보지 말아야 한다. 사기 이메일에도 절대 응답하지 말아야 한다. 이득에 대한 생각보다 위험에 대한 생각을 더 많이 해야 사기를 예방할 수 있다. 그 누구도 엄청난 행운의 정보를 쉽게 보내 주지 않는다.

사기꾼은 아예 모르는 사람보다는 아는 사람인 경우가 많다. 같은 학교, 같은 고향, 같은 동호회 등 인간관계를 맺고 지속적으로 이익을 뽑아 먹을 대상을 찾는다. 사람은 사회적 동물이라서 사회생활을 하지 않고는 살 수 없다. 특히 자신과 더 특별한 사회적 관계에 있는 인물에게는 의심보다는 의지를 더 하게 된다. 사기꾼이 노리는 것도 바로 이 점이다.

사기꾼에 너무 빠지지 않으려면 다양한 인간관계를 가져서 객관적인 위치에서 그 사람의 진실성을 확인해야 한다. 상대가 준 특별한 정보가 정말 맞는 것인지, 여러 경로로 확인해야 한다. 혹은 그렇게 좋은 기회와 정보를 자신에게 줄 정도로 객관적으로도 특별한 사이가 맞는지를 주기적으로 확인해야 한다. 그게 배신을 당하고 슬퍼할 때의 스트레스보다는 훨씬 적다.

범죄수사관인 김영헌이 《속임수의 심리학》에서 소개한 사기를 피하는 원칙을 잊지 말자.

1. 지나치게 좋아 보이면 사실이 아닐 가능성이 높다.

2. 끊임없이 질문을 던져라.

사기꾼은 여러분의 욕심과 방심을 기다린다.

사칭꾼의 거짓말

리어나도 디캐프리오 주연의 영화 〈캐치 미 이프 유 캔〉2003은 실화를 바탕으로 하고 있다. 주인공의 모델은 프랭크 애버그네일 주니어였다. 영화 내용처럼 사기꾼 중에는 그냥 사기를 치는 게 아니라, 누군가인 척 사칭하는 사람이 있다.

사라 버튼은 저서 《시대의 사기꾼》에서 거짓말쟁이 중에서 학력을 위조하거나 신분을 위장하는 사람을 크게 두 가지 부류로 나눈다. 첫째는 어떤 지위나 재산을 얻기 위해서 거짓말을 하는 사람이다. 사라 버튼은 이런 사람을 기회주의자라고 불렀다. 반면에 둘째는

> **프랭크 애버그네일 주니어**
>
> 1940년대에 15세부터 21세 사이에 수표를 위조하고 신분을 사칭해 사기를 벌였다. 지금은 화려한 사기 경력을 바탕으로 기업의 보안 전문가로 활동하고 있다.

재능이 있는데도 경제력이나 학력, 성별, 신분 등 현실적인 제약 조건 때문에 자신이 원하는 업적이나 지위를 쉽게 성취할 수 없을 경우 거짓말을 해서라도 자기 것으로 만드는 사람이다. 사라 버튼은 이 부류의 사람들을 실용주의자로 불렀다.

세상을 속인 실용주의자, 데마라

사라 버튼이 이들을 실용주의자로 부른 것은 만약 주어진 사회적 틀에 맞춰 살았다면 결코 자신의 재능을 발휘하지 못했을 것임을 알고 가장 실용적인 대안으로 거짓말을 선택했기 때문이다. 사라 버튼의 책에는 다양한 '실용주의자'들이 나온다. 그중 페르디난트 왈도 데마라의 이야기는 많은 생각할 거리를 준다. 그는 1950년 한국전쟁 때 의사로도 활동했다.

페르디난도 왈도 데마라. 그가 사용한 이름은 이것 하나가 아니었다. 그는 심리학 박사 프렌치, 학교 교사 숀, 생물학자 해먼, 외과 의사 사이어, 최고의 간수로 인정받은 존스 등 다양한 이름과 직업을 갖고 있었다. 놀랍게도 그가 선택한 직업은 모두 전문성이 필요한 것이었으며, 더 놀라운 것은 그가 직업마다 훌륭히 제 역할을 했다는 점이다. 이렇게 재능있는 사람이 애초 신학 공부를 하다 탈락한 낙오자라는 것이 이해가 되지 않을 정도다. 그리고 더 이해가 되지 않는 것은 그냥 사기를 친 게 아니라, 자신이 재능을 발휘할 수 있는 곳을 찾아 제대로 그 일을 수행하기 위해 노력했다는 점이다. 그리고 그의 노력은 항상 다른 사람을 감동시켰다.

예를 들어 데마라가 간수로 생활할 때, 교도소장에게는 감옥의 골칫거리를 해결하는 믿음직한 부하였고, 죄수에게는 진심으로 터놓고 이야기할 수 있는 훌륭한 상담자였다. 그와 상담하고 나서 마음을 고쳐 먹은 죄수도 많았다. 이러다 보니 그가 거짓말쟁이라는 것이 밝혀지고 나서도 사람들은 예전에 자신들이 본 모습이 진짜 데마라라고 생각했다. 각 기관의 책임자는 '그가 적절한 증명서만 갖춰서 오면 언제라도 다시 채용하겠다'고 했고, 학부모들은 '숀 선생님데마라을 돌려보내라'고 탄원하기까지 했다.

꾸준히 인정을 받던 데마라가 거짓말쟁이로 밝혀져 사회에서 격리된 것은 역설적이게도 너무도 훌륭한 성과를 거뒀기 때문이다. 데마라는 한국전쟁에 캐나다 해군 군의관으로 참전했다. 치과, 내과, 외과를 가리지 않고 기막힌 의술을 보여 줬고, 죽어 가는 병사를 살린 사례도 여럿이었다. 그렇다고 그냥 전쟁터에서 수술만 한 것이 아니라 야전병원의 시설을 확충하는 등 의료 시스템에 대해서도 성과를 보였다. 그러자 군대는 그의 업적을 홍보하기 위해 각종 매체에 보도자료를 뿌렸다. 그게 화근이었다. 갑자기 전 세계적으로 유명인사가 된 사이어 박사, 즉 데마라의 경력을 본 사람 중에는 진짜 군의관인 사이어 박사를 아는 사람들이 있었다. 결국 사이어 박사와 그 동료, 출신 학교 동문 등의 신고로 데마라는 거짓말쟁이인 것이 밝혀졌다.

조사 결과 데마라는 제대로 의학 교육을 받은 적이 전혀 없음이 드러났다. 데마라는 의사인 척하기 위해 진짜 실력 있는 의사를 찾아간 적은 있었다. 데마라는 의사에게 '대중을 위한 이해하기 쉬운 의학서'를 집필해야 한다며 정보를 구했다. 그리고 신분을 사칭할 사이어 박사의 증명서를 위조했다. 준비를 마친 데마라는 군의관으로 한국전쟁에 참전해 혁혁한 공을 세웠다. 물론이게 다가 아니다. 전문적인 의학 지식을 갖고 있다고 해도 밀려드는 부상병을 혼자서 도맡아 치료하다시피 한 데마라처럼 성과를 낼 수는 없다.

분명 데마라는 재능이 있었다. 하지만 그의 재능을 증명할 졸업장이 없었다. 그리고 졸업장을 받을 때까지 기다릴 인내심도 없었다. 자신이 되고 싶은 신분이 있으면 그 분야의 적당한 사람을 찾아가 신분을 사칭할 문서를 어떻게든 얻어 냈다. 게다가 신분만이 아니라 그에 어울리는 능력까지 얻어 냈다. 데마라는 신분을 사칭하기 위해 그 어떤 종이도 쉽게 버리지 않았다고 한다. 회사와 기관의 로고가 적힌 이벤트 쿠폰까지.

반사회적 거짓말쟁이, 사이코패스

데마라를 동정해야 할까? 아니다. 데마라는 엄연히 사회적 약속을 깬 반사회적 거짓말쟁이다. 반사회적 거짓말쟁이를 동정하느냐, 용서하느냐는 다른 문제이다. 동정은 이해지만, 용서는 그의 행동을 인정하고 동의하는 것이다. 사라 버튼이 말한 '실용주의자', 즉 반사회적 거짓말쟁이도 엄연히 허위 자아를 위해 거짓말을 하는 성격 장애인이다. 다만 그들의 재능을 제대로 쓰지 못하도록 불평등한 구조를 만든 사회와 세상 사람들의 책임은 있다. 그렇다고 해서 이들의 행동을 인정해서는 안 된다. 자신의 능력을 발휘할 기회를 박탈당한 사람들이 세계를 변화시키려 맞서기보다는 허위를 통해 문제를 해결하고자 한다면 그 사회가 개선될 수 있을까? 이런 이유로 데마라처럼 거짓말을 일삼는 사람은 용서의 대상이 될 수 없다.

많은 사람이 우리나라가 어째서 사기와 거짓말 공화국이 되었냐고 한탄한다. 여러 이유가 있겠지만, 심리적 이유를 찾자면 '모로 가도 서울만 가면 된다' 식의 그릇된 실용주의 때문이라 할 수 있다. 실적만 있으면 모든 것이 용서된다, 국익을 위해서라면 생명을 경시하거나 논문을 조작하는 것 정도는 눈감아 줄 수 있다는 식이다.

잘살게만 해준다면 비리 정치가라고 한들 참아 주자는 말을 쉽게 내뱉을 수 있는 사회 풍토는 '성공한 거짓말쟁이'를 앞으로도 많이 만들어 낼 것이다. 그리고 그들의 성공은 선량한 사람에게 상처를 주고, 유혹에 약한 사람을 죄악의 구렁텅이로 몰아넣는 계기가 될 것이다.

반사회적 거짓말쟁이가 하는 거짓말은 그 어떤 경우도 남을 기쁘게 하는 선의의 거짓말, 하얀 거짓말이 아니다. 병든 자아를 만족시키기 위해 내뿜는 독이 있는 거짓말이다. 아무리 그 열매가 달콤하다고 해도 결국 나눠 먹으면 감염되고 말 것이다. 검은 거짓말은 결국 자신과 남을 모두 망치게 되어 있다.

반사회적 거짓말은 사이코패스의 가장 큰 특징이다. 캐나다의 범죄심리학자 로버트 헤어 박사는 사이코패스 진단 검사 문항을 만들었다.

1. 말 잘하는 것을 매력이라고 생각한다.

2. 자기의 가치에 대해 자랑하고 다닌다.

3. 거짓말을 입에 달고 산다.

4. 속임수를 경멸하거나 극단적으로 싫어한다.

5. 범죄를 저질러도 양심의 가책을 느끼지 않는다.

6. 감동적인 것을 봐도 감동적인지 모른다.

7. 매사에 냉담하고 남의 말에 공감하지 않는다.

8. 책임감이 없거나 부족하다.

9. 일상생활에서 많은 정신적 자극이 필요하고 지루함이 많다.

10. 기생충처럼 남에게 빌붙어 산다.

11. 나쁜 행동을 자제하는 능력이 부족하다.

12. 소년 비행을 경험하거나 영유아기 때 잔인한 짓을 많이 하였다.

13. 현실성이 부족한 목표를 길게 끌며, 그것을 할 수 있다고 믿는다.

14. 매사에 충동적이다.

15. 무책임하다.

16. 청소년기에 비행 청소년이었다.

17. 약속을 잘 깬다.

18. 아무 데서나 성적인 행동을 서슴지 않는다.

19. 짧은 연애를 많이 한다.

20. 범죄적인 재능이 타고났거나, 재능을 범죄에 이용하려고 한다.

앞서 살펴본 사기꾼과 사칭꾼의 특징이 모두 들어 있다. 단, 사이코패스 중에는 그 성향이 약한 사람도 있다. 어릴 때는 아직 자기 욕망을 바로 충족할 만큼 힘이 강하지 않다는 현실을 일단 받아들인다. 그래서 몰래 동물을 잔인하게 학대하곤 하지만, 다른 사람들 앞에서는 정상인 것처럼 사회에 녹아드는 방법을 학습한다. 자신을 사회의 틀에 끼워 맞추기 위해 다른 사람의 행동과 말을 따라 한다. 그래서 성인이 되어 직장에 다닐 정도가 되면 다른 사람을 감쪽같이 속일 수 있는 전문가가 된다. 미켈란젤로나 데마라처럼. 무엇이 올바른지는 줄줄 말하지만, 사실 자신은 거짓말로 이익을

사이코패스

반사회적인격장애의 하나로, 공감 능력이 없고, 죄의식이나 양심의 가책을 느끼지 못하는 정신질환을 앓는 사람이다.

얻으려 한다.

진실을 더 강조하는 뻔뻔함

동양대학교 총장으로 교육계에서 오랜 시간 활동하고, 2019년 조국 법무부 장관 관련 사태 때 "사회지도층의 도덕성", "교육자로서의 양심" 등을 강조하며 많은 발언을 쏟아낸 최성해는 정작 박사학위는 물론 석사학위도 없었고, 심지어 대학 졸업 학위도 가짜였다.

2007년 포르투갈의 주제 소크라테스 총리도 학력 조작 시비에 휘말렸다. 소크라테스 총리는 처음에는 학위 문제를 제기한 사람을 명예훼손 혐의로 고소까지 했다. 그래서 사법 당국이 학위 기록의 진위에 대한 조사에 착수해서 결국 학위가 조작됐음을 밝혔다.

조사하면 진실이 드러날 것이 뻔한데도 국내외를 막론하고 반사회적 거짓말쟁이들은 자신이 공격받으면 음모론을 제기하며 오히려 상대방을 거짓말쟁이로 몰아붙인다. 이들은 뭘 믿고 이런 뻔뻔한 짓을 하는 것일까?

'그들'이 믿는 것은 바로 '우리'이다. '그들'은 자신이 거짓말쟁이로 성공할 수 있도록 만든 '우리'의 특성을 너무도 잘 알고 있기 때문에, 최대한 우리의 특성을 이용하려 한다.

잉글랜드 사우스웨스트대학교 심리학과의 조너선 에반스 교

우리 사회는 다양한 권위와 그에 대한 맹목에 가까운 믿음이 있다.

수는 1983년부터 이어진 일련의 연구를 통해 사람들은 아주 단순한 삼단논법을 이해할 때도 논리적 타당성을 따지기보다는 그저 그럴싸한 것을 선호하는 특징이 있음을 밝혔다. 즉 결론이 주어진 명제에 대해서 그것이 논리적으로 타당하냐 아니냐에 관계없이 그 결론이 자신의 신념에 일치하면 옳다고 받아들이고, 그렇지 않으면 틀리다고 기각한다. 결국 인간은 합리성에 바탕을 둔 선택을 하는 것이 아니라, 그저 믿고 싶은 것을 선택한다. 거짓이 드러난 상태에서도 엄청난 국익을 가져다주겠다는 황우석 박사를 지지하는 사람이 나오는 것도 이런 인지적 특성 때문이다.

우리는 '권위'에 대한 믿음을 갖고 있다. 미켈란젤로의 사례에서 확인할 수 있듯이 비싼 미술품이라면 그것을 만든 사람도 대가일 것이라는 믿음, 교수라는 직함이 있으면 그 분야에 전문적일 것이라는 믿음, 외국 대학 출신이 국내 대학 출신보다 더 실력이 있을 것이라는 믿음, 외국의 학술 잡지가 받아들인 논문이라면 굳이 검증할 필요가 없다는 믿음 등이다. 연예인이 출연한 대부업 광고는 그래도 괜찮을 것이라는 믿음, 유명인이 찾은 음식점은 다른 곳보다 훨씬 더 맛있을 것이라는 믿음 등등 우리 사회는 다양한 권위와 그에 대한 맹목적인 믿음이 있다.

사람들은 나이에 비해 지나치게 화려한 경력일수록 의심하기보다는 그들의 배경에 깔린 권위에 열광한다. 그것을 노려 성공한 반사회적 거짓말쟁이는 자신의 성공 전략을 쉽게 바꾸지 않는다. 그 결과 거짓말이 드러난 상황에서도 '그들'은 허탈해하는 '우리' 앞에서 당당하게 행동한다. 우리가 믿음을 바꾸지 않는 한 그들은 없어지지 않을 것이다. 이것이 진실이다.

마음의 병인 거짓말

2015년 한국의 언론은 미국 토머스제퍼슨 과학고등학교를 다니던 한인 학생에 관한 기사를 크게 다뤘다. 기사는 한인 학생이 최고의 명문대인 하버드와 스탠퍼드에 파격적인 조건으로 서로 모셔 가듯이 동시 합격했으며, 두 학교 모두 다녀 보고 최종 졸업은 어디에서 할지 결정하겠다는 내용이었다. 그리고 얼마 후 해당 언론들은 정정보도 기사를 내야 했다. 그 학생은 명문대에 입학 허가를 받은 적이 없기 때문이었다. 심지어 가족과 친구까지도 속였다. 이 학생은 금세 드러날 거짓말을 왜 한 것일까?

당시 언론에 드러난 학생의 행적을 보면 리플리 증후군에 걸려 있는 듯하다. 리플리 증후군이라는 이름은 학계에서 인정받은 정식 병명은 아니다. 죄책감 없이 거짓말을 마구 만들어 내며 자신도 그 거짓말을 믿고 사는 병을 뜻하는 말로 일반적으로 쓰이는 말이다. 학계에서는 병적인 거짓말을 '공상허언증'이라고 부른다.

자기 자신을 속이는 리플리 증후군

리플리 증후군이라는 이름은 미국의 작가 퍼트리샤 하이스미스가 쓴 소설인 《태양은 가득히》에서 나왔다. 소설 속 주인공 리플리는 호텔 종업원이었다. 그와 어울려 주는 사람 중에는 재벌의 아들이 있었다. 그와 어울리면서 자신이 재벌의 상속자인 양 행동하는 데 익숙해진 리플리는 결국 친구를 죽이고, 죽은 친구로 신분을 속여 그의 인생을 대신 살아가기 시작한다. 거짓말을 감추기 위해 또 다른 거짓말과 범죄를 저지르기도 한다. 하지만 결국 자신이 죽인 재벌 아들의 시체가 발견되면서 모든 진실이 드러난다. 하지만 그 순간에도 리플리는 자신이 재벌 2세인 양 행동했다. 해당 소설은 〈태양은 가득히〉와 〈리플리〉라는 영화로 각색되어 나왔다. 이외에도 비슷한 등장인물이 나오는 영화를 쉽게 찾을 수 있다.

리플리 증후군은 보통 개인의 사회적 성취욕이 크지만, 현실적으로 이룰 수 있는 길이 막혀 있는 경우 발생한다. 너무 간절히 소망하고 있어서, 아직 소망이 이뤄지지 않은 현실을 부정한다. 대신 자신이 바라는 세상을 만들어서 그 세계를 실제라고 여긴다.

특히 SNS에 중독되면 리플리 증후군이 나타나기 쉽다. 현실에서는 앞길이 막막한 학생, 취업하지 못한 백수, 앞길이 걱정되는 직장인이어도 SNS에 멋진 사진을 올리고 글을 쓸 때는 행복하다. 그러다 보면 실제로 그렇게 살고 싶은 마음이 더 강해져서 자신이 이미 그런 삶을 살고 있다고 착각하기도 한다. 좌절을 안겨주는 현실보다는 SNS 속에서 더 많은 시간을 보내게 되고, 그 속에서의 자기 모습을 진짜라고 생각하게 된다.

SNS에서 자신을 좀더 과장하고 싶은 성향은 누구에게나 조금씩 있다. SNS뿐 아니라 오프라인의 삶에서도 남 앞에서 더 좋은 모습을 보이고 싶어 하는 것은 당연하다. 하지만 리플리 증후군은 그 성향이 극대화되어 아예 허구의 세상 속에서 사는 것이다. 상상하던 것을 잠시 밖으로 꺼내고 스트레스를 풀고 현실을 받아들이는 것과 달리, 리플리 증후군 환자는 현실을 잊기 위해, 현실의 문제에서 벗어나기 위해 상습적이고 반복적인 거짓말을 일삼는다.

리플리 증후군이 생기는 이유를 인지부조화 이론으로 설명할 수 있다. 리플리 증후군 환자는 자신이 소망하는 믿음, 즉 멋진 삶을 살아야 한다는 마음과 일치하

> **인지부조화**
>
> 인지부조화란 자신이 믿고 있는 것과 실제로 보는 현실에 차이가 있을 때 받는 스트레스를 없애기 위해 어떻게든 부조화가 없는 방향으로 자신이 믿고 있는 바를 변화시킨다는 이론이다.

지 않는 현실의 부조화를 해결하기 위해 현실을 왜곡해서 생각한다. 그래서 뻔한 거짓말도 뻔뻔하게 할 수 있다. 현실은 금방 바꿀 수 없지만 믿음은 마음만 바꾸면 되기 때문이다.

불행히도 심리학자와 정신과 의사들은 리플리 증후군을 치료가 어려운 정신병 중 하나로 꼽는다. 그 이유는 환자들 대부분이 치료를 받으려는 의지가 없고, 증상이 있다는 것을 알면서도 거짓말로 덮으려 하기 때문이다. 설령 거짓말이 드러나도 그것은 오해 혹은 음모라고 말한다. 진짜 억울하다며 눈물을 흘린다. 현재로서는 증상을 완화시킬 수 있는 약물을 처방하면서 장기간 거짓말의 빈도와 세기를 줄이는 치료를 하고 있다.

없는 병도 만드는 뮌하우젠 증후군

뮌하우젠 증후군Munchhausen Syndrome도 허언증의 하나이다. 뮌하우젠 증후군은 18세기 독일의 실존 인물이었던 히에로니무스 폰 뮌히하우젠 남작의 이름에서 따왔다. 뮌히하우젠은 1720년 독일에서 태어나 터키와 러시아 전쟁에 참전했고, 1760년 퇴역해서 하노버에 정착했다. 그런데 그는 용맹한 군인이 아니라 허풍쟁이로 유

> **뮌히하우젠 남작**
>
> 자기가 겪은 일들을 거짓말로 꾸며 사람들에게 들려주는 취미가 있던 뮌히하우젠 남작의 이야기는 1793년 《뮌하우젠 남작의 모험》이라는 책으로 묶여 나오기까지 했다. 우리나라에는 《허풍선이 남작의 모험》이라는 제목으로 출판되었다.

명했다.

심리학에서 뮌하우젠 증후군은 '인위성 장애'라고도 한다. 뮌하우젠 증후군의 가장 큰 특징은 몸과 마음의 병이 있을 때 나올 수 있는 증상을 꾸며 내는 것이다. 여기까지의 설명을 보면 인위성 장애는 꾀병 같아 보인다. 하지만 커다란 차이점이 있다.

꾀병을 부리는 사람은 꾀병을 부리는 이유가 외부에 있다. 학교에 가기 싫고 놀고 싶고 혼나기 싫은 것이다. 어떤 이득을 보고 싶어 의도적으로 병이 있는 척하는 게 꾀병이다.

뮌하우젠 증후군은 사실 이득이 없다. 이득이라면 사람들의 관심 정도다. 그나마 매일 아프다고 하니 주변 사람들도 심드렁하다. 병원에 입원했다고 해서 새삼 많은 관심을 주지 않는다. 뚜렷하게 얻을 수 있는 이득이 없어도 그냥 환자인 척한다. 그리고 꾀병 수준으로 일시적이고 단순한 병을 꾸며 내는 게 아니다. 심각한 병에 걸렸을 때 실제로 겪을 만한 증상까지 꾸며 낸다. 그래서 의사는 뮌하우젠 증후군 환자라는 생각이 들어도 진지하게 병을 검사할 수밖에 없다. 그 정도로 병을 꾸며 내고 있다면, 노세보 효과에 의해서 실제로 다른 부위에서라도 병이 있을 수 있고, 무엇보다 마음의 병도 있을 수 있기 때문이다.

뮌하우젠 증후군에 걸리면 자신의 이야기를 극적으로 꾸며 댄다. 위장병에 걸린 이유를 설명해 달라고 하면, 커다란 스트레스를 준 사건을 이야기하거나 애매하게 돌려서 말한다. 중요한 것은 꾸며 낸 이야기라서 일관성이 없다는 점이다. 자신이 환자라는 생각에 그때그때 생각나는 것을 꾸며 낸다.

자신의 건강과 관련된 거짓말을 하는 것이기에 의학 용어를 아주 많이 알고 있는 것도 특징이다. 의학 용어뿐 아니라 병원이 어떻게 운영되는지도 안다. 어떤 의사가 병이 없다고 말하면 다른 증상을 말하며 다른 진료를 받을 수 있게 해달라고 요청하기도 한다. 자신이 병이 있다고 생각하고 그것을 인정받기 위해 계속 거짓말을 꾸며 댄다. 아무리 의학 지식이 많아도 전문 의사보다는 못하다. 꾸며 대는 증상 중에는 해당 병과 맞지 않는 경우도 있다. 이럴 때 의사는 뮌하우젠 증후군을 의심한다.

뮌하우젠 증후군 환자는 초기에는 자기 병을 알리려 검사도 받지만, 의사가 더 세심하게 조사하려고 하면 갖은 핑계를 대며 협조하지 않는 것도 특징이다. 정말 병을 치료하는 게 목적이 아니라, 자신의 믿음에 맞게 계속 환자인 척을 하는 게 목적이기 때문이다.

뮌하우젠 증후군 환자가 자주 호소하는 증상은 종기, 발진, 구토, 현기증, 설사, 원인 불명의 열 등이다. 병원에서는 시간을 두고 환자를 관찰할 수밖에 없다. 증상을 이야기할 때는 신체 이곳저곳을 가리지 않고 말한다. 특정 병에만 머물지 않는다. 뚜렷한 병명이 없는데 계속 병원만 찾는 뮌하우젠 증후군 환자에게는 정신과 진료부터 받도록 조언하는 게 좋다.

의학과 심리학이 발달한 현재에도 뮌하우젠 증후군의 정확한 원인을 알지 못한다. 다만 어릴 때 과잉보호를 받고 자란 탓에, 어른이 되고 나서도 곤경에 처하게 되면 현실도피 수단으로 아픈 척을 하기 때문에 뮌하우젠 증후군이 나타나는 것으로 알려져 있다. 병원에 들어가 치료를 받고 있으면 문제해결을 위해 움직여야 한다는 부담감에서 벗어날 수 있다. 그리고 자기는 문제를 해결할 수 없는 상황임을 사회적으로 알릴 수도 있다. 환자로 누워 있으면 다른 사람에게 자기 문제를 알아서 해결하라고 미룰 수도 있고, 다른 사람의 관심을 받으며 자기를 보호할 수도 있다. 그래서 거짓으로 아픈 척하는 뮌하우젠 증후군에 빠지는 것으로 짐작하고 있을 뿐이다.

친숙한 감정을 잃어버린 카그라스 증후군

리플리 증후군과 뮌하우젠 증후군 모두 환자 자신이 남들에게 거짓말을 하는 허언증이다. 하지만 다른 사람들이 모두 거짓말을 하고 있다고 생각하는 심리 질환도 있다. 바로 카그라스 증후군 Capgras syndrome이다. 카그라스 증후군은 자신의 친구나 가족 또는 주변인들이 완전히 똑같은 모습으로 분장한 전혀 다른 사람으로 바꿔치기 당했다고 믿는 증상이다. 심지어 어떤 환자는 자기 자신조차 자신과 닮은 누군가로 바꿔치기 당했다고 믿기도 한다.

카그라스 증후군이라는 이름은 이 증상을 처음으로 언급한 프랑스의 정신과 의사 조셉 카그라스Joseph Capgras에서 따왔다. 카그라스는 자신의 남편과 주변 사람들이 꼭 닮은 누군가와 바꿔치기 당했다고 말하던 어느 할머니의 사례를 자신의 논문에 처음 소개했다. 그 할머니는 남편이라고 주장하는 사기꾼과 함께 자는 것을 거부했다. 그리고 아들에게 총을 구해 달라고 부탁하기도 했다. 다른 가족은 명확하게 구별하였으나 유독 남편만은 알아보지 못했다.

이외에도 루첼리와 스핀러의 2007년 논문에 나오는 남성의 사례가 있다. 59세의 프레드는 어느 날부터 아내를 자신의 아내와 꼭 닮은 사람이라고 생각해 자신의 아내에게 자기 아내가 어디에 있냐고 물었다. 이상한 질문에 당황한 아내가 "지금 당신 앞에 있다"라고 대답했다. 그러자 프레드는 아내가 아무래도 잠시 밖에 외출한 모양이라고 말하고는 자신의 집에서 나가 달라고 부탁했다.

카그라스 증후군은 왜 걸리는 것일까? 얼굴을 인식하는 능력은 정상적이지만 익숙한 얼굴들에 대한 감정적인 반응을 주관하는 감각신경 회로가 손상되었을 때 카그라스 증후군에 걸린다. 이 때문에 주변 사람의 얼굴은 인식하나 그 사람에게 맞는 감정은 일어나지 않는다. 환자 입장에서는 상대가 얼굴은 똑같은데 자기는 그 감정을 느끼지 않으니, 자신이 잘못된 게 아니라 상대가 잘못된 것이라 생각한다. 즉 상대가 원래 당사자의 얼굴과 몸을 한 가짜라서 자신이 진짜 감정이 일어나지 않는다고 여긴다.

뇌과학자 나라야나 라마찬드란은 연구 결과, 카그라스 증후군이 안면 인식을 담당하는 측두엽 피질과 감정을 담당하는 대뇌변연계의 연결이 끊어져 생기는 것임을 밝혔다. 일부러 남을 당황시키려고 거짓말을 하는 게 아니라, 뇌 이상에 의해 다른 사람들이 자신에게 거짓말을 하고 있다고 진심으로 생각하는 것이다.

카그라스 증후군 환자는 감정적으로 연결이 많은 사람일수록 더 가짜라고 느끼니 당사자는 너무 혼란스럽다. 상상해 보자. 내가 좋아했던 사람들이 모두 다 가짜로 채워졌다면? 극도의 불안감을 느낄 수밖에 없다. 환자의 주변 사람 역시 혼란스럽다.

카그라스 증후군은 망상의 일종이라서 조현병 환자에게서 나오는 경우가 있다. 현재는 여성과 남성의 발병 비율이 대략 3 대 2 정도로 알려져 있지만 애초 사례가 적어서 관련 연구가 부족한 실정이다. 연구가 많이 되지 않다 보니 뾰족한 치료 방법도 없다. 다만 기존 정신병이나 우울증약, 항경련제, 신경이완제, 항불안제 등을 환자 상황에 맞게 처방할 뿐이다.

이야기를 꾸며 내는 작화증

거짓말은 의도하지 않은 거짓말과 의도한 거짓말로 크게 나눌 수 있다. 의도하지 않은 거짓말의 대표적인 예가 만성적인 작화증confabulation이다. 작화증이란 '이야기를 꾸며 내는 병'이다. 심리

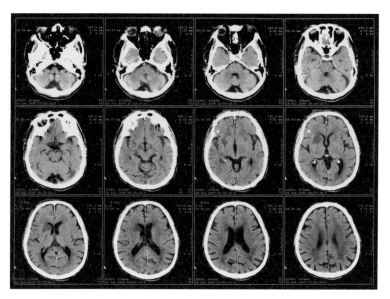

카그라스 증후군은 안면 인식을 담당하는 측두엽 피질과 감정을 담당하는 대뇌변연계의 연결이 끊어져 생긴다.

학에서는 작화증을 심리 장애로 보고 연구한다.

만성적인 작화증은 뇌 손상 때문에 일어날 수도 있다. 신경심리학자 안토니오 다마지오가 1985년 발표한 연구를 보면, 뇌졸중으로 뇌 손상을 입은 중년 여성에게 포클랜드에 대해 묻는 장면이 나온다. 그녀는 포클랜드섬에서 보낸 휴가의 추억과 산책하면서 산 그 지역 특산 장신구에 대해서도 말했다. 아주 구체적이지만, 사실 그녀는 포클랜드에 간 적이 없다. 설령 갔더라도 그녀가 말한 것처럼 멋진 휴가를 보낼 수 있는 상황이 아니었다. 당시 포클랜드는 영국과 아르헨티나가 서로 자기 땅이라고 우기며 전쟁 중이었기 때문이다.

그녀는 자신의 이야기가 사실이라고 생각했다. 뇌 손상 때문에 만성적인 작화증이 생겼기 때문이다. 뇌 손상은 일시적이지 않다. 손상된 부위는 계속 손상된 채로 남아 있다. 그래서 만성적인 질병을 만들어 낸다.

작화증은 속이겠다는 의도 없이 자신이나 세계를 왜곡되거나 잘못된 해석을 하고 기억을 만들어 내는 것이다. 의사가 만성적인 작화증 환자에게 병원에서 수술한 자국이 어떤지 물으면, 그 자국은 오래전 자신이 길거리 싸움에 휘말려서 얻은 상처라고 말하는 식이다. 심지어 가해자의 인상착의와 당시 벌어졌던 일을 아주 구체적으로 술술 이야기할 정도다. 직접 수술한 의사가 깜짝 놀랄 정도로 이야기를 만들어 낸다.

뇌 손상이 왜 작화증을 만드는 것일까? 뇌 손상이 생기면 정상적인 정보 처리가 어려워진다. 눈으로 보면 몸에 상처가 나 있는 것은 확실하다. 하지만 그 상처가 왜 났는지는 불확실하다. 불확실한 것은 불편하다. 공포 영화에 자주 나오는 것처럼, 어둠 속에 잘 모르는 게 있으면 위험을 무릅쓰고서라도 가서 직접 그 실체를 확인해야 직성이 풀리는 게 인간의 마음이다. 손상된 뇌는 불확실한 상황을 어떻게든 설명해야 하니까 머릿속에 있는 정보를 총동원한다. 하나의 단어가 떠오르면, 그것과 연관되어 떠오르는 다음 단어를 결합하는 식으로 그럴듯한 이야기를 만들어 낸다. 의도하지 않았으니 자신도 모르게 말이다.

만성적인 작화증은 주로 앞이마 위치에 해당하는 전두엽이 손상되면 나타난다. 전두엽은 자기의 의지와 목표를 조절하고, 사물을 판단하는 부위다. 이 부위에 문제가 있으니 별생각 없이 현실성을 판단하지 않고 기억에서 떠오르는 대로 술술 이야기한다. 이런 작화증 환자의 이야기를 신경심리학자인 모리스 모리스코비치는 "솔직한 거짓말"이라고 불렀다. 환자 자신은 솔직하게 머릿속에서 떠오르는 대로 말하는 거니까.

가짜 심리학

심리학은 거짓말을 다룬다. 그런데 심리학과 관련해서도 잘 없어지지 않은 거짓말이 있다. 대표적인 것이 '혈액형에 따라 성격이 다르다'는 이론이다.

가령 A형은 소심하고 신중하다, B형이면 성격이 모났거나 도도하다, O형은 친화력이 좋고 적극적이다, AB형은 혼자 있는 것을 좋아하고 천재가 많다는 식의 주장들이다. 너무도 구체적이어서 혈액형으로 사람의 성격을 알 수 있다는 것이 심리학적으로도 맞는 이야기처럼 들린다.

실제로 혈액형에 대한 성격 설명이 그런대로 맞는 부분이 있는 듯 느껴질 때가 있다. 한 예로 어느 친구가 잘 삐치고, 오해도 잦고, 낯선 환경에 잘 나서지 않으려 하는데 스스로 소심한 A형이라고 말하면 고개가 쉽게 끄덕여진다. 하지만 이것은 특정 부분을 염두에 두면서 기억을 떠올리다 보니 그 부분이 더 과장되게 보여서 그런 것이다.

바넘 효과의 원리

사람들은 객관적으로 상황을 보기보다는 자신이 보고 싶어 하는 것을 더 집중해서 보는 경향이 있다. 이것을 심리학에서는 '바넘 효과Barnum effect'라고 한다. 바넘 효과의 전형적인 예가 바로 신문에 잘 나오는 오늘의 운세나 사주, 혈액형 심리학 같은 것이다. 이런 것들은 애매모호하게 쓰여 있다. 그래서 사람들은 저마다 자기가 원하는 방식으로 해석한다. 그 글의 내용과 다른 것은 기억하지 못하거나 생각하지 않는다. 그렇기 때문에 바넘 효과는 계속 없어지지 않는다. 혈액형에 따라 성격이 다르다는 오해도 특정 부분을 왜곡해 생각해서 생기는 잘못된 생각일 뿐이다.

그래도 혈액형이 뇌에 영향을 주어 성격이 다른 것이 아닐까 생각할 수 있다. 물론 혈액은 우리 몸 구석구석에 영양분을 나르는 역할을 한다. 그러다 보니 뇌에도 혈액이 간다. 그러나 혈액형이 다르다고 해서 어떤 영양분은 나르고, 어떤 영양분은 나르지 않는 것이 아니다. 혈액형은 말 그대로 혈관 속을 흐르는 피의 종류를 나눈 것에 불과하다.

혈액형을 결정하는 유전자는 몇 개에 지나지 않는다. 하지만

혈액형에 따라 사람의 성격이 다르다면 세계 70억 인구 중 약 17억 명이 똑같은 성격을 갖고 있다는 말이 된다.

성격에 영향을 주는 유전자와 사회적 환경의 조합은 상상을 초월할 정도로 많다. 그러니 혈액형을 통해서 인간의 복잡한 성격을 알아보고자 하는 것은 애초에 불가능한 시도다.

인간이 뇌를 10퍼센트만 사용한다는 오해

심리학과 관련해서 가장 널리 알려진 오해 중 하나가 바로 우리가 뇌의 10퍼센트밖에 쓰지 못한다는 이야기다. 아인슈타인이 사람은 잠재성을 10퍼센트밖에 못 쓴다는 말을 했다는 말까지 있다. 직접 아인슈타인과 같은 천재들의 뇌를 확인해 봐도 실제로 10퍼센트밖에 쓰지 못했다거나, 아인슈타인은 20퍼센트를 썼기 때문에 천재가 될 수 있었다는 말까지 있다.

실제로 여러 부위로 절개된 아인슈타인의 뇌가 과학 전시회를 통해 공개되고 있으니 이 이야기가 신빙성이 있어 보이기도 한다. 그러나 아인슈타인이 살았던 시대에는 뇌과학이 발달하지 않았다. 살아 있는 아인슈타인의 뇌를 연구한 적도 없다. 그저 아인슈타인이 죽은 다음에 뇌의 여러 부위를 현미경으로 관찰했을 뿐이다. 그것도 전체가 아닌 일부분을, 사후 직후도 아니고 뇌가 저

> **아인슈타인의 뇌**
>
> 1955년 아인슈타인이 사망한 뒤 그를 부검한 의사 토머스 하비는 무모하게도 그의 뇌를 훔쳤다. 그 뒤 아인슈타인의 뇌는 240개의 블록과 200개의 슬라이드 세트 12개로 해부되어 이곳저곳에 전시되었다.

장된 지 한참 후에.

왜 뇌를 10퍼센트만 쓴다고 하는 거짓말이 퍼졌는지는 확실하지 않다. 다만, 사람들에게 잠재성이 무한하니 좀더 분발하라는 교육적 목적으로 말하는 사람이 많아서, 이런 잘못된 믿음이 없어지지 않는 것 같다.

그렇다면 우리는 뇌의 몇 퍼센트나 쓰고 죽을까? 대부분 100 퍼센트 다 쓰고 죽는다. 만약 우리가 뇌의 일부만 쓴다면 치매 환자나 교통사고로 뇌가 손상되어 정상적인 활동을 하지 못하는 환자처럼 심각한 문제를 보이게 된다.

만약 우리가 뇌의 10퍼센트만 사용한다면, 나머지 90퍼센트에 해당하는 부위들은 왜 있는 것일까? 그리고 왜 사고가 나서 뇌를 다치면 사람의 상태가 갑자기 변할까? 어차피 10퍼센트만 쓰던 뇌니까, 대부분의 쓸모없는 뇌 부위가 다칠 수도 있는데 말이다.

인간의 뇌는 잠을 자고 있을 때조차 활발하게 움직인다. 뇌의 어느 한 부분만 활성화되는 것이 아니라, 어떤 정보를 처리하느냐에 따라 각기 다른 부위가 활성화된다. 예를 들어 뭔가를 보거나 상상할 때는 뒤통수에 해당하는 후두엽이 활성화된다. 다른 사람의 말을 이해하려고 할 때는 브로카 영역이 활성화된다. 그리고 말을 하려고 할 때는 뇌의 옆부분인 측두엽과 뇌의 중간 부분인 두정엽이 만나는 베르니케 영역이 활성화된다. 이렇듯 간단한 대화만 해도 다양한 뇌 부위가 고루 활성화된다. 10퍼센트만 쓴다면 불가능하다.

아울러 좌뇌형 인간과 우뇌형 인간이라는 구별도 거짓말이다. 대뇌피질은 독립된 두 반구로 이루어져 있지만, 뇌량이라고 하는 곳을 통해 연결되어 있다. 즉 뇌과학적으로 좌뇌와 우뇌는 연결되어 있다. 간질 환자 중 일부는 치료 목적으로 뇌량을 잘라서 좌뇌와 우뇌를 일부러 분리한다. 하지만 정상인은 좌뇌와 우뇌가 연결되어 있어서 서로 협력하며 인간의 마음이 정상적으로 작동하도록 만든다.

좌뇌와 우뇌의 역할이 조금 다르기는 하다. 좌뇌는 읽기, 쓰기, 말하기, 수학적 추리, 이해와 관련이 있다. 즉 좌뇌는 주로 언어적 측면이 많다. 우뇌는 비언어적인 작업이나 공간지각, 추상적인 생각 등과 관련이 있다. 그래서 창의적 생각을 많이 하자는 취지로 우뇌를 강조하라는 말도 생겼다. 하지만 우뇌가 창의적 생각을 하자면 좌뇌의 읽기, 쓰기, 말하기, 추리, 이해가 없어도 될까? 서로 잘 도와야만 정상적으로 작동한다.

인간은 이분법적으로 생각하는 것에 익숙하다. 이분법적으로 사고하면 상황을 단순하게 볼 수 있어 마음이 편해지기 때문이다. 하지만 그렇게 단순화하다 보면 상황을 왜곡해서 이해할 위험도 있다. 애초에 서로 연결된 뇌를 가지고 마치 분리된 것처럼 생각하는 왜곡이다.

현대의 뇌과학 연구에 따르면 우뇌에도 언어와 논리를 담당하는 기능이 있음이 밝혀졌다. 단지 세부적이고 지엽적인 정보 처리는 좌뇌가 비교적 우세한 정도이다. 이것 역시 어떤 과제를 주느냐에 따라 뒤바뀔 수 있다. 복잡한 뇌를 단순하게 말하기란 어려운 일이다.

사기꾼이 죄책감을 잘 느끼지 않는 이유

지금까지 인간의 뇌와 관련된 거짓말을 살펴봤다. 그렇다면 거짓말을 잘하는 사기꾼의 뇌는 정상인의 뇌와 같을까, 다를까? 사기꾼도 일반인과 섞여서 자라고 교육받았으니 비슷하지 않을까?

신경심리학과 뇌과학 연구에 따르면 사기꾼의 뇌는 정상인의 뇌와 다르다. 미국 서던캘리포니아대학교 심리학과 야링 양 박사팀은 거짓말쟁이들을 대상으로 자기공명영상MRI 장치로 뇌를 촬영한 결과, 사기꾼과 허언증 환자들은 뇌의 앞부분인 전전두엽 영역에 백색질이 일반인보다 22~26퍼센트 더 많은 것으로 나타났다. 들통나지 않고 거짓말을 꾸며 내거나 사기를 치려면 예전에 했던 거짓말을 떠올려 앞뒤 정황을 비교해 딱 들어맞을 말을 판

> **백색질과 회색질**
>
> 뇌는 회색질과 백색질로 이루어져 있다. 바깥쪽에 있는 회색질은 뇌로 들어오는 정보를 받아들이는 역할을 하고, 안쪽의 백색질은 받아들인 정보를 다시 꺼내 뇌의 다른 영역으로 보내거나 새로운 정보로 재구성하는 역할을 한다.

단해서 거짓말을 하는 과정이 필요하다. 그러니 정보를 다시 꺼내 오는 전전두엽의 백색질이 일반인보다 더 많게 된 것이다. 거짓말의 고수가 되면 거짓과 현실을 일관되게 연결해 거짓말을 진실한 이야기처럼 쏟아놓게 된다.

런던 유니버시티대학의 신경과학자인 탈리 샬럿 교수는 감정 처리를 담당하는 편도체도 거짓말에 중요한 역할을 한다고 주장했다. 편도체에 이상이 있는 주인공이 나오는 청소년 소설 《아몬드》의 제목처럼, 편도체는 아몬드 모양으로 생겼다. 편도체가 정상인처럼 발달해서 죄책감을 느끼면 거짓말쟁이는 거짓말을 마구 하기 힘들 것이다. 하더라도 죄책감을 느껴서 다음에는 줄이게 된다. 하지만 병적인 거짓말쟁이인 사기꾼은 편도체에서 죄책감을 정상인보다 덜 느낀다.

죄책감을 덜 느끼도록 훈련하면 실제로 죄책감을 덜 느낄 수 있다. 범죄 조직에 들어간 사람이 처음 범죄를 저지를 때는 덜덜 떨지만, 계속 범죄를 저지르다 보면 감정적으로 무감각해져서 죄책감을 느끼지 않는 것과 마찬가지다.

어떤 행동이 습관이 되면 편도체는 반응하지 않는다. 모든 것에 감정 에너지를 소모할 수는 없다. 뇌는 에너지를 절약해서 효율적으로 작동한다. 이미 익숙한 행동을 할 때는 굳이 감정 처리를 하지 않고 기계적으로 움직인다. 습관적으로 거짓말하는 사람은 너무나 많이 거짓말을 해서 편도체가 반응하지 않도록 훈련을 마친 사람이다. 그런 사람에게 거짓말에 책임을 지거나 죄책감을 느끼거나 용서를 구하라고 말하는 게 얼마나 소용이 있을까? 사기꾼이 피해자 앞에서는 반성하는 척해도 결국 더 상처를 주거나 다른 범죄를 일으키는 것도 편도체가 정상적으로 활성화되지 않았기 때문일 수 있다.

습관이 되면 거짓말 자체가 별다른 감정적 사건이 아니니 기억에서도 사라진다. 그래서 자신이 거짓말쟁이라고 생각하지 못한다. 사기꾼이 경찰에 잡히면 오히려 억울하다고 눈물로 호소한다. 그리고 틈만 나면 거짓말을 한다. 무감각해진 편도체 덕분에 죄책감도 없다.

사기꾼의 뇌는 정상인과 다르다. 이것이 일종의 거짓말탐지기처럼 거짓말쟁이를 구별하는 수단이 될 수 있지 않을까 하는 신경심리학자와 뇌과학자의 연구는 계속되고 있다.

인간의 마음은 뇌에서 만들어진다. 뇌과학자는 이런 사실에 주목해서 뇌를 연구함으로써 마음의 비밀을 밝혀 내는 사람이다.

뇌과학자는 우선 뇌의 구조와 처리 과정을 명확히 밝히는 것을 목적으로 한다. 그리고 효율적인 뇌의 처리 과정과 관련된 신비를 풀고 나서는, 인간의 두뇌와 같은 인공지능 혹은 인간을 능가하는 인공지능을 개발하는 부차적 목적도 가지고 있다.

뇌과학자는 인간의 인지와 정서를 이해하기 위해 뇌의 구조와 작동 과정을 연구한다. 기억, 사고, 추리, 감각, 학습, 감정, 기분 등이 구체적인 연구 분야다. 심리학에서는 이 연구 주제를 인지심리학 분야에서 다루고 있다.

뇌과학자는 뇌 연구와 과학기술의 융합을 추구하는 연구를 하기도 한다. 치매와 간질 등의 뇌 질환을 고칠 방법을 찾을 뿐 아니라, 뇌의 기능을 도와줘서 손상된 신체의 기능을 촉진할 기계를 개발하는 연구까지 하고 있다. 예를 들어 전신마비 환자를 위해 눈을 상하좌우로 옮겨 컴퓨터에 명령하게 하는 특수 자판을 만들거나, 혀의 움직임을 추적해서 마우스처럼 쓸 수 있도록 하는 기계를 만든 것도 뇌과학자 덕분이었다. 뇌파로 드론을 움직이거나, 말하지 않고도 집안의 컴퓨터와 인터넷을 움직이는 방법도 개발되고 있다.

뇌과학 연구는 마케팅에도 쓰이고 있다. 광고를 볼 때 뇌의 반응을 직접 관찰하면, 혹시나 설문조사에서 응답자가 거짓말을 하거나 반응을 왜곡할 위험을 피할 수 있기 때문에 기업이나 광고주가 선호하고 있다. 정치 성향, 의사 결정 등 언어로 표현하기 복잡한 부분도 뇌 연구를 통해 검증할 수 있다. 추상적인 개념과 추론이 아니라 처리 과정을 직접 확인할 수 있다는 장점 때문에 기존 심리학 실험도 뇌과학을 통해 검증하곤 한다.

뇌과학 연구는 1990년대 초반부터 미국, 일본 등 선진국을 중심으로 본격적으로 이루어졌다. 2013년 4월 버락 오바마 미국 대통령은 뇌과학을 위해 한 해 예산으로 1억 달러를 지원하겠다고 밝히기도 했다. 이렇듯 여러 선진국이 뇌과학을 21세기 미래 성장 동력으로 보고 국가적 지원을 아끼지 않고 있다. 융합 학문 트렌드와 제4차 산업혁명의 흐름과 함께 뇌과학은 과학, 의학,

교육, 산업, 문화 등 여러 분야에서 응용되면서 21세기 가장 유망한 학문 중 하나로 급부상하고 있다.

한국 정부도 1998년 뇌연구촉진법 제정, 1999년 범부처 차원의 뇌연구촉진기본계획의 수립 및 시행, 2003년 뇌기능 활용 및 뇌질환 치료기술개발 연구사업단 출범 등 뇌연구 인력 양성이나 인프라 구축을 위한 사업을 지속적으로 추진하고 있다. 덕분에 카이스트의 뇌과학연구센터와 가천의과대학의 뇌과학연구소 등이 만들어졌고, 대학 학과로는 카이스트의 바이오 및 뇌공학과 등이 마련되어 있다.

뇌를 구성하는 뇌세포는 기본적으로 생물학의 영역이다. 그런데 세포의 움직임은 물리 법칙의 지배를 받는다. 그리고 호르몬은 화학 반응으로 움직인다. 그래서 뇌과학자가 되려면 수학, 물리학, 화학, 생물학 등 기초과학 분야에 대한 지식이 있어야 한다. 그리고 의학과 함께 뇌과학 연구를 응용할 수 있는 공학, 다른 학문에 대한 이해도 해야 한다. 무엇보다 궁극적으로는 뇌를 통해 인간의 마음을 설명하려고 하는 것이기에 심리학 지식은 필수적이다. 따라서 뇌과학자가 되려면 대학에서 심리학, 생물학, 의학 중 하나는 기본적으로 전공해야 한다. 부가적으로 물리와 화학, 생명공학 등을 전공하면 좋다.

진로찾기 **이상심리학자**

이상심리학은 정상인의 범위에서 벗어나는 행동, 기분, 정신을 보이는 사람의 심리를 연구하는 학문이다. 거의 일상용어가 되다시피 한 사이코패스, 병적인 거짓말쟁이, 허언증 등의 용어도 이상심리학 연구를 통해 널리 퍼지게 된 것들이다.

이상심리학은 심리학과 뇌과학, 의학, 철학 등을 결합하는 분야다. 철학적으로는 '정상'과 '이상'을 어떻게 나눌 수 있는지 이해해야 한다. 심리적으로 문제가 되는 상황이 무엇인지도 알아야 한다. 문제가 되는 상황이 벌어질 때 뇌에서 일어나는 과정도 알아야 한다. 그리고 정상의 범위를 벗어난 환자를 치료할 의학적인 방법도 알아야 한다.

이상심리학의 궁극적인 목적은 문제 행동을 보이는 사람의 정신 및 감정을 연구하고 치료하는 것이다. 문제 행동은 신체적 상처, 심리적 상처, 유전, 두뇌의 손상, 호르몬 문제, 일시적 사고에 의한 충격 등 다양한 원인으로 일어날 수 있다. 그래서 질병의 원인을 제대로 이해하고 적절한 약물 치료와 심리 치료를 환자에게 제공하고자 한다.

이상심리학자는 여러 방법을 써서 연구 및 치료를 한다. 첫째, 프로이트가 만든 정신분석학적 접근 방법을 쓰기도 한다. 뇌나 신체적 문제가 아니라, 의식과 무의식의 관계로 이상심리를 설명할 수 있기 때문이다.

둘째, 눈에 보이지 않는 의식과 무의식보다는 관찰 가능한 행동에 집중하는 이상심리학자도 있다. 이런 행동학자들은 이상한 행동을 만드는 자극을 찾는다. 그 자극이 원인이라면, 환자를 해당 자극에 노출시키지 않으면 된다. 혹은 해당 자극에 점점 익숙해지도록 조금씩 노출시키는 식으로 단련시켜도 된다.

셋째, 인지적 접근 방법도 있다. 외부의 자극도 인간이 어떻게 받아들이느냐에 다르다. 예를 들어 누군가 자신을 보고 고개를 저은 모습에 상처를 받아 분노조절을 못하는 사람이 있다고 하자. 이때 "당신을 싫어해서 고개를 저은 것이 아니라, 우연히 다른 생각을 하며 고개를 저을 때 눈이 마주쳤을 것이다"라고 짚어주는 것이다. 이런 인지적 접근 방법은 우리가 느끼고 행동하는 방식에 초점을 맞춘다. 자신이 깨닫지도 못하는 사이에 무의식적으로 이루어지는 부정적인 반응을 인지적으로 따져 보고 다시는 문제 상황에 빠지지 않게 만드는 게 목적이다.

넷째, 이상심리의 원인을 뇌와 신체의 문제로 보고 약물 치료와 수술 등으로 치료하기도 한다. 원인이 될 수 있는 뇌의 손상 및 호르몬 이상 등에 관심을 갖고 정상적인 구조와 기능이 일어날 수 있게 약물 치료나 수술 등을 하는 것이다.

이상심리학자는 주로 병원, 보호 시설, 교정 시설 등의 전문기관에서 일한다. 사회가 복잡해지면서 개인의 병적인 특성도 더 커지고 있다. 교육 분야에서도 타인을 공격하거나 자해하거나 심리적으로 허물어지는 개인을 선별해서 각자에게 맞는 교육을 제공해야 교육 환경이 나아지기에 이상심리학자의 활동이 필요하다. 회사에서도 조직 구성원의 사기를 꺾고 거짓말을 일삼거나 죄책감 없이 부정부패를 일으키고 타인을 공격하는 사람을 걸러낼 필요가 있기에 이상심리학자의 컨설팅을 원하고 있다. 국가적으로도 전체 국민의 행복과 안전을 위해 개인의 삶을 망치고 반사회적인 범죄를 저지를 가능성이 있는 정신병과 성격장애를 예방하고 치료하고자 하는 수요가 많기 때문에 앞으로 이상심리학자의 전망은 밝다.

4장

거짓말을
알아차리는 기술

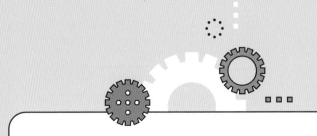

아무리 능숙한 거짓말쟁이여도 얼굴의
미세한 표정 변화는 숨길 수 없다. 날카로운 질문을 받으면
이치에 맞지 않는 대답을 하는 실수도 한다.

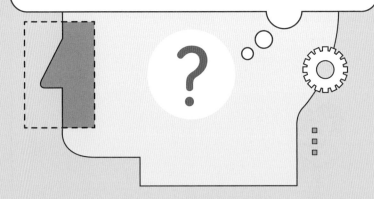

거짓말쟁이의 특징

미국의 심리학자 폴 에크먼의 연구에 따르면, 거짓말을 하는 사람은 표정부터 다르다. 얼굴에는 43개의 근육이 있고, 1만 가지의 다른 조합으로 감정을 표현한다. 폴 에크먼 박사는 남에게 감정을 잘 드러내지 않는 사람도 0.1초도 안 되는 짧은 시간 동안 미세하게 나타나는 표정 변화는 숨길 수 없다고 주장한다.

에크먼 박사는 미세 표정을 정리해서 얼굴움직임 부호화시스템을 만들었다. 그 시스템을 이용해서 분노와 혐오, 두려움과 놀라움, 두려움과 슬픔과 같은 흔히 혼동

> **폴 에크먼의 얼굴의 심리학**
>
> 폴 에크먼은 인간의 표정을 분노, 혐오, 두려움, 기쁨, 슬픔, 놀람의 여섯 가지로 나누었다. 표정을 지을 때는 얼굴 근육이 움직이면서 눈썹, 눈, 코, 입이 변한다. 이때의 표정을 통해 감정을 알 수 있다.

하는 감정을 비교하면서 차이점을 교육받으면 거짓말에 속지 않고 진심을 알 수 있게 된다고 주장했다. 상대방이 입은 웃고 있지만 눈가의 근육이 움직이지 않고 있음을 확인해서 거짓말로 짓는 웃음임을 알 수 있는 식이다.

큰소리로 놀랍다거나 반갑다고 하면서도 전혀 동공이 커지지 않는 것도 거짓말의 증거다. 자기도 모르게 턱을 아래로 떨어뜨려 입이 벌어졌다면 확실히 놀란 상태다. 거기에 눈이 커지면서 눈썹이 얼마나 올라갔느냐, 입이 얼마나 크게 벌어졌느냐, 벌린 입의 입술이 얼마나 긴장하고 있느냐에 따라 놀람의 정도가 다르다.

입을 뗄 때마다 '음', '어', '그러니까 내 말은'과 같은 표현을 반복하는 사람도 의심할 필요가 있다. 상대방을 보지 않은 채 손으로 얼굴을 가리고 말하는 사람도 거짓말쟁이일 확률이 높다고 한다. 어딘지 모를 어색함이 표정과 행동, 말에서 드러난다고 폴 에크먼 교수는 주장한다.

하지만 폴 에크먼의 연구를 바탕으로 교육받은 여러 전문가가 고백한 것처럼 연구실이 아닌 현실에서 거짓말쟁이를 정확히 구별하는 것은 힘들다. 왜? 사기꾼은 다른 사기꾼까지도 속일 정도로 능숙하기 때문이다. 무엇보다 그들은 자기가 거짓말이나 사기를 친다고 생각하지 않는다. 자신이 원하는 것을 얻기 위해 열심히 재미있게 작업을 한다고 생각한다.

표정은 인종과 나이, 문화권에 관계없이 보편적이다. 감정은 보편적이고 유전적인 발현의 결과물이며, 문화적이지 않고 생물학적이기 때문이다.

서툰 거짓말쟁이는 표정으로 거짓말이 드러난다. 하지만 남들을 잘 속이기 위해 자기 자신까지 속이는 병적인 거짓말쟁이, 즉 허언증 환자나 사기꾼은 표정으로 구별하기가 어렵다.

심리학자들은 거짓말쟁이를 구별할 다른 방법을 찾고 있다. 미국 미시간대학교 연구진이 거짓말하는 사람들의 말투와 행동을 분석한 결과 거짓말하는 사람이 진실을 말하는 사람보다 양손을 더 많이 사용한다. 적극적으로 제스처를 활용하는 것이다.

상대방의 말을 들을 때는 고개를 끄덕이거나, 핵심 내용을 따라서 말하거나, 상대가 다리를 꼬면 비슷한 자세를 취하는 등 공감을 표현해서 마음을 열게 하기도 한다.

스페인 그라나다대학교 밀란 교수팀은 사람이 거짓말을 할 때 코 주변의 온도가 올라간다는 연구 결과를 발표했다. 그는 이를 '피노키오 효과'라고 불렀다. 거짓말을 하면 대뇌피질 속 신체의 체온 조절을 담당하는 기관인 '섬엽'이 오작동을 일으키며 온도를 높인다는 것이다. 다만 체온계를 가지고 다니면서 상대방의 거짓말을 파악한다는 게 굉장히 번거롭다는 게 문제다.

병적인 거짓말은 개인적으로나 사회적으로 문제가 되기 때문에 앞으로도 거짓말을 가려내는 방법에 대한 연구는 계속될 것이다.

거짓말을 더 잘할 수 있는 조건

거짓말을 쉽게 할 수 있는 조건이 있다. 즉 같은 말이라도 거짓말일 확률이 더 높은 환경에서 들었다면 일단 의심하는 게 좋다.

얼굴을 마주 보고 이야기할 때와 얼굴을 보지 않고 문자로 이야기할 때 중 어떤 쪽이 거짓말을 하기가 쉬울까? 미국 위치토주립대학교 데이비드 슈 교수팀의 연구에 따르면, 실험 참가자는 얼굴을 보고 얘기하는 것보다 문자메시지로 대화할 때 거짓 정보를 더 많이 얘기하는 것으로 나타났다.

같은 휴대전화를 쓰더라도 문자보다는 영상 통화를 하면 거짓말을 적게 한다. 프로 사기꾼이 아닌 한 양심의 가책 때문에 상대방의 얼굴을 보면서 대담하게 거짓말을 하기는 힘들다.

진실된 이야기를 꼭 들어야 하는 상황이라면 부담이 되더라도 직접 만나서 이야기를 나누는 편이 좋다. 여러분만 부담되는 게 아니다. 상대도 부담된다. 그 부담감 때문에 더 진실을 말한다. 부담이 없는 상태에서는 맘껏 거짓말을 할 확률이 높다.

특히 문자는 상대가 쓴 말을 상대의 목소리가 아니라, 읽는 사람의 마음의 소리로 읽게 된다. 상대의 의도와 다르게 파악해서 본의 아니게 나중에 자신이 읽은 것과 다르게 상대가 행동하면 상대방이 거짓말했다고 생각하기도 쉽다. 중요한 이야기는 만나서 하자.

말하는 사람의 외모가 좋을수록 듣는 사람은 마음의 문을 더

> **후광 효과**
>
> 어떤 사물이나 사람을 평가할 때, 눈에 띄는 긍정적, 부정적 특성이 전체적인 평가에 영향을 미쳐 객관적인 판단을 내리지 못하게 되는 심리적 특성을 말한다.

잘 연다. 집안이 좋은 사람, 학벌이 좋은 사람의 말도 듣는 사람의 마음을 더 많이 움직인다. 후광 효과 때문이다. 상대가 건네는 메시지 그 자체가 아니라, 상대방의 얼굴 뒤에서 후광이 비치는 것처럼 주변 조건이 마음을 움직이기 때문에 사기꾼들은 외모를 가꾸고, 좋은 집안 출신인 척하거나 학벌과 직업 등을 사칭하기도 한다.

호감 가는 외모로 자신의 배경을 들먹이면서 이야기하는 사람이 있다면 혹시나 거짓말에 당하지 않기 위해 더 비판적으로 들어야 한다.

거짓말에 대응하는 효과적인 방법

서툰 거짓말쟁이는 어색하다. 사람들은 그런 거짓말쟁이보다는 병적인 거짓말쟁이와 사기꾼을 두려워한다. 범죄수사관들도 병적인 거짓말쟁이를 가려내려고 노력한다.

CIA 베테랑 수사관들인 필립 휴스턴, 수잔 카니세로 등은 작정하고 거짓말을 하는 사람은 다음과 같이 말하는 특징이 있다고 인터뷰에서 밝혔다.

"난 정직한 사람입니다."

"목숨을 걸고 맹세합니다."

"원래 저는 성향상 절대 그런 짓을 못해요."

이런 말들은 프로급 거짓말쟁이가 자신을 믿도록 설득할 때 하는 가장 흔한 거짓말이다. 이런 거짓말쟁이를 가려내려면 계속 핵심을 파고드는 질문을 해야 한다. 그리고 5초 안에 그의 반응을 유심히 지켜봐야 한다. 아무리 능숙한 거짓말쟁이여도 거짓말을 꾸며 내려면 시간이 조금 걸린다. 진실이라면 그대로 설명하면 되지만 거짓말이라면 일단 머리를 굴려야 하니까 자신만의 세계에 잠시 빠져 있거나 눈이 좌우로 오가면서 생각을 정리해야 한다. 결국 줄줄 이야기를 풀어 내는 사람도 바로 대답하지 못했다면 꾸며 댔을 가능성이 있다. 거짓말을 자세히 하려면 5초 이상의 시간이 걸린다고 수사관들은 말한다.

거짓말을 하는 사람은 자신이 똑똑하다고 생각해서 거짓말을 꾸며 대다가 이치에 안 맞는 말을 하게 되어 있다. 그 점을 지적하면 대답을 하지 않거나 얼버무리거나 "기억이 나지 않는다"는 답을 반복한다. 종종 적반하장으로 화를 내는 반응을 보이기도 한다. 지나치게 짧거나 상세한 대답을 하는 경우도 수상하다.

일상에서 질문할 때에는 눈을 보는 습관을 가지는 것이 좋다. 사람은 뭔가를 숨기거나 꾸미려고 할 때 행동과 표정이 부자연스러워진다. 그게 들킬까 봐 눈을 마주치지 않는다.

거짓말쟁이는 애매하게 말한다. 상대가 꼼꼼하게 따질 때를 대비해서 일단은 모호하게 말하는 것이다. 이것은 거짓말을 더 많이 꾸며 낼 여지를 준다는 장점 외에도 일단 예전에 한 거짓말이 무엇인지 기억해야 할 부담을 줄이는 장점도 있다. 그래서 거짓말쟁이는 별것 아닌 내용을 애매하게 이야기하는 방법을 잘 포기하지 않는다.

여태까지 이야기를 뒤집어 생각해 보자. 여러분이 상대가 질문했을 때 혼자 생각에 오랫동안 빠져 있거나 눈을 맞추지 않고 말하거나 구체적인 설명 없이 애매하게 말한다면 거짓말을 하는 것으로 오해받을 수 있다는 뜻이기도 하다. 거짓말쟁이를 싫어해서 방어하고 싶다면, 거짓말쟁이로 오해받지 않으려는 노력도 해 보자.

거짓말탐지 기술들

거짓말쟁이를 구별하는 방법이라고 하면 흔히 거짓말탐지기를 떠올린다. 거짓말탐지기는 원래 심장 박동수, 호흡, 땀 배출 정도 등 생리적 흥분의 정도를 측정하는 기계다. 인간은 거짓말할 때 생기는 심리적 긴장을 완벽하게 통제할 수 없다. 따라서 정상적인 경우와 생리적 반응도를 비교하면 거짓말을 하는지 안 하는지 알아볼 수 있다는 생각에서 이 기계를 거짓말탐지기로 쓰는 것이다.

거짓말탐지기를 만든 버클리 경찰서의 존 라슨조차 제작 후 실제 사용해 보니 거짓말탐지기에 대한 확신이 없었다. 1921년과 1923년 사이에 거짓말탐지기를 적극적으로 사용한 범죄는 대부분 경범죄나 부부싸움 같은 가정 문제였다. 영화에 나오는 것처럼 살인과 같은 중범죄의 결정적인 판단 증거로 사용하지는 않았다. 참고 자료로만 썼을 뿐이다. 더군다나 라슨이 보기에 결백하다고 생각되는 사람도 거짓말탐지기로는 거짓말쟁이로 판명되는 게 불편했다. 결국 라슨은 거짓말탐지기를 법정에서 쓰는 것에 불안해했다.

하지만 존 라슨을 도왔던 동업자이자 아마추어 마술사이기도 했던 레너드 킬러는 거짓말탐지기로 거둘 명성과 수익을 포기할 수 없었다. 킬러는 라슨과 싸우면서까지 거짓말탐지기를 보급하다가 탐정 사무실을 열었으나 알코올중독으로 46세에 죽고 말았다. 라슨은 거짓말탐지기와 관련된 모든 정보와 진실을 총정리하는 글을 쓰다가 73세로 죽었다.

1986년까지도 거짓말탐지기는 제작사의 사정과 달리 인기를 끌었다. 미국의 CIA와 소련의 정보기관인 KGB를 오가던 이중간첩 올드리치 에임스는 거짓말탐지기의 명성에 기가 죽어 있었다. CIA에서 내부의 비밀을 흘리는 적을 찾기 위해 모든 직원에게 거짓말탐지기 검사를 하자 크게 긴장해서 KGB에 통과 방법을 물어볼 정도였다. KGB는 전날 잠을 잘 자고, 느긋한 마음으로 질문에 답하기만 하면 된다고 말했다. 에임스는 그 방법으로 10

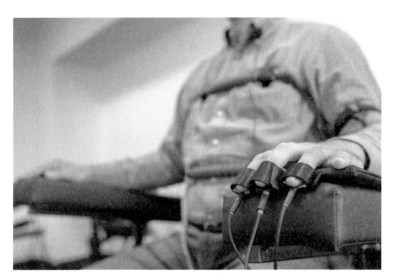

거짓말탐지기는 사실 심장 박동수, 호흡, 땀 배출 정도 등 생리적 흥분의 정도를 측정하는 기계다.

년 가까이 거짓말탐지기를 통과했다. 훗날 소련에서 정보가 유출되어 정체가 탄로 나 감옥에 갇혔을 때 거짓말탐지기 관련 인터뷰를 하게 되었는데, 그는 거짓말탐지기야말로 거짓말이라고 말했다.

거짓말탐지기 전문가이자 미국 브랜다이스대학교의 심리학과 교수인 리어나도 색스는 "거짓말에는 원래 생리적인 반응이 뒤따라오지 않는다"라고 말한다.

흔히 거짓말하는 사람은 상대방의 눈을 피하거나 눈을 깜빡이거나 코를 만질 것이라고 생각하기 쉽다. 그러나 미국 텍사스 오스틴대학교 심리학과 교수 제임스 펜베이커의 실험에 의하면 참말을 하는 사람이나 거짓말을 하는 사람들은 그런 행동을 보이는 횟수에서 차이가 없었다. 오히려 어떤 사람은 상대방의 눈을 정면으로 응시하면서 거짓말을 하는 등 개인차가 더 컸다.

결론적으로 말해 거짓말탐지기는 거짓말을 하다가 점점 더 큰 거짓말을 한 끝에 자기 자신도 그 거짓이 진실인 양 믿게 되는 리플리 증후군 환자를 걸러내지 못한다.

애초에 거짓말탐지기의 정확성이 떨어져서 거짓말쟁이를 제대로 가려내지 못하기도 한다. 리어나도 색스 교수의 연구에 따르면 거짓말탐지기가 75퍼센트의 거짓말을 구별했지만, 실제로 거짓말을 하지 않은 사람을 거짓말한다고 판별한 경우도 37퍼센트에 이르는 등 예상과 다르게 정확도는 크게 떨어진다. 그래서 많은 나라에서는 거짓말탐지기 조사 결과를 직접적인 법적 증거로 사용하지 않고 참고 자료로만 활용하고 있다.

뇌를 거짓말탐지기로 사용한다면

최근에는 어떤 사람이 범죄를 저질렀는지, 거짓말을 하고 있는지 알아보기 위한 대안으로 뇌지문Brain fingerprinting 인식과 같이 직접 뇌의 움직임을 재는 방법이 제안되고 있다. 뇌지문 인식은 피검사자의 머리 위에 10여 개의 미세 전극이 내장된 장치를 씌우고 범죄 장면 사진이나 단어 등을 컴퓨터 화면으로 보여 주면서 뇌에 저장된 특정 뇌파의 반응을 검사하는 방법이다.

인간의 뇌는 익숙한 그림이나 문자를 지각하면 300밀리초 이후에 특정한 뇌파를 만들어 낸다. 이 뇌파를 P300이라고 한다. 바로 이 뇌파의 존재 여부에 따라 거짓말 여부를 판별하는 것이다. 이 기법을 만든 미국 하버드대학교의 로런스 파월 박사는 1999년 연쇄 살인범 제임스 그린더의 유죄를 확증하고, 종신형을 받아 22년간 복역 중이던 테리 해링턴이 무죄임을 증명한 것으로 유명하다. 하지만 이 기법은 특정 사실이 기억에 없다는 이유만으로 무죄가 될 소지가 있어 적용하기에는 한계가 있다. 명백히 범죄를

> **P300**
>
> 주의력과 구별 능력, 결정 능력과 관련된 뇌파인 P300은 조현병이나 치매, 건망증 진단과 치료에 활용되고 있다.

저질렀지만 사고나 의도적 망각으로 그 사실이 기억에 남아 있지 않은 경우 어이없게도 무죄를 증명하는 도구로 악용될 수 있기 때문이다.

앞서 설명한 것처럼 자기공명영상을 이용해 뇌의 구조를 확인해서 거짓말쟁이를 가려내자는 제안도 있다. 미국 서던캘리포니아대학교 심리학과 야링 양 박사팀의 연구처럼 전전두엽 영역의 백색질이 일반인보다 많으면 거짓말쟁이일 확률이 높으니 말이다. 하지만 거짓말쟁이도 사실 70퍼센트에 거짓 30퍼센트를 섞으면서 신뢰감을 주는 식으로 거짓말을 한다. 거짓말쟁이의 뇌를 갖고 있지만 사실을 말할 때도 있다. 그러니 뇌의 구조만으로 거짓말 여부를 결정하기에는 많이 부족하다.

현재의 MRI와 같은 진단 장비는 대형 기계라서 사람을 거대한 통 속에 집어넣어야 한다. 의자에 앉혀 놓고 질문을 주고받으며 진실을 캐는 일반적인 상황과 완전히 다르다. 거짓말탐지를 편하고 효과적으로 하기 위해서는 다른 방법이 필요한 실정이다.

정보의 타당성을 따지는 인지면담기법

범죄수사관은 거짓말탐지기만이 아니라 다른 방법을 쓴다. 국내 범죄심리학과 1호 박사인 전우병 박사 등 범죄조사관들은 인지면담기법을 쓰고 있다. 인지면담기법은 상대로부터 가급적 많은 정보를 얻어 해당 정보의 타당성을 따져 보는 기법이다. 전문용어로는 진술타당도분석Statements Validity Analysis이라고 한다.

인지면담기법은 다양한 심리학 이론을 토대로 조사를 받는 사람을 자극하거나 설득해서 사건과 관련된 주변 상황, 당시에 입은 옷, 맡은 냄새, 미각, 촉각, 청각 등 인지적으로 처리한 정보를 모은다. 그러고 나서 확보된 진술 내용을 바탕으로 다양한 경로로 진실성을 판단한다. 조사받는 사람이 "축축한 흙을 밟았다"라고 했는데 실제 사건 현장을 봤더니 마른 날씨에 도로 전체가 시멘트로 되어 있었다면 진실 타당성 점수가 뚝 떨어지는 식이다.

객관적인 증거가 없고 진술만이 핵심 증거가 될 수 있는 성폭력 사건의 경우, 인지면담기법이 진실을 가리는 데 중요한 역할을 한다. 진짜 성폭력인데 서로 좋아서 한 것이라고 했을 수도 있고, 의도적으로 접근해서 성폭력을 당했다고 거짓말을 할 수도 있다. 아주 구체적인 정보까지 조사한 내용과 들어맞고, 다른 쪽이 들어맞지 않는다면? 어느 쪽이 죄가 있는지를 판단하는 데 진술이 중요한 역할을 할 수도 있다. 2008년 제주에서 8세 의붓딸을 상습적으로 성추행한 남자를 유죄로 판결한 사례도 있다.

똑똑한 사람이 더 잘 속는다

여기까지 읽은 독자는 거짓말하는 사람의 특징과 거짓말을 가려
내는 기술 등을 알게 되었으니 더 똑똑해졌다며 자신감이 생겼
을 것이다. 그런데 그 자신감 탓에 거짓말쟁이가 파놓은 함정에
더 잘 빠질 수 있다.

과도한 자신감은 자신의 능력, 상태, 통제력, 일의 범위, 성과
등을 과대평가하는 경향이다. 거짓말쟁이에 관한 책을 몇 권 읽
었다고 해서 프로파일러 수준으로 거짓말쟁이를 곧장 가려 낼
수 있다고 생각하는 것이야말로 거짓말이다.

과도한 자신감은 아주 자연스럽게 사람들이 빠지는 함정이
다. 미국의 심리학자 바루크 피쇼프의 연구에 따르면, 일반상식
문제를 풀면서 100점이라고 확신한 실험 참가자의 실제 점수는

70~80점에 그쳤다. 자신의 능력을 20퍼센트에서 30퍼센트까지 과대평가한 것이다.

자신에 대해 과대평가를 하면 사기와 같이 나쁜 일이 일어나도 자신이 충분히 바로잡을 수 있다고 여겨 방심하게 된다. 하지만 작정하고 속이는 전문 거짓말쟁이에게는 안 통한다.

미국의 심리학자 스튜어트 오캄프 박사의 연구를 보면, 정보를 많이 보유할수록 과도한 자신감에 쉽게 빠진다. 이전보다 많은 정보를 접하면 지나친 자신감이 생겨 자기 주장만 내세우거나 일을 무리하게 추진하다가 어려움을 겪기도 한다.

사기꾼은 이미 자신이 많은 것을 알고 있다고 생각하는 사람을 더 쉽게 설득한다. '난 다 알아. 난 똑똑해. 그건 너도 알아. 그러니 나를 감히 속이지는 못할 거야. 똑똑한 내가 다 알아챌 거라는 것을 너도 알고 있으니까.' 이런 생각에 빠지니 거짓말에 더 쉽게 속는다.

통찰력이 좋다고 느껴질수록 위험하다

사람들은 대개 자신이 다른 사람보다 통찰력이 있다고 생각한다. 특히 다른 사람이 나에 관해서 아는 것보다 내가 다른 사람에 관해서 알고 있는 것이 더 많다고 생각한다. 이것을 '비대칭적 통찰 착각'이라고 한다.

미국 스탠퍼드대학교 심리학과의 에밀리 프로닌 교수는 실험에 참가한 대학생들에게 자신과 룸메이트 중 누가 더 통찰력이 뛰어난지 평가해 달라고 했다. 실험에 참가한 학생들은 자기가 룸메이트보다 자신에 관한 내적 통찰력이 좋을 뿐 아니라, 다른 사람에 관한 지식도 더 많다고 답했다. 여기서 재미있는 것은 그 룸메이트도 그렇게 생각할 가능성이 높다는 점이다.

비대칭적 통찰의 착각은 자신은 다른 사람의 행동을 관찰해서 그 사람의 특성을 간파하지만, 자기 행동에는 다른 사람이 간파할 만한 것이 그렇게 많지 않다고 생각하는 왜곡에서 나온다. 혹은 다른 사람은 자신에 관한 통찰이 부족하지만, 나는 자신에 관한 통찰이 그보다 좋으며, 심지어 나는 그 사람의 자아를 객관적으로 꿰뚫어볼 수 있다는 착각에서 발생하기도 한다.

그러나 논리적으로 살펴보자. 사람은 어디를 가도 자신을 기준으로 정보를 처리하기 때문에 다른 사람보다 자신을 더 많이 알고 있는 것이 당연하다. 특별히 통찰력이 평균 이상으로 뛰어나서 자기 자신을 더 잘 아는 것이 아니다. 그런데도 사람은 대개 자신의 통찰력이 뛰어나 자신에 관해 잘 안다고 생각한다. 남들은 통찰력이 없어서 자신에 대해 잘 모른다고 생각한다. 통찰력이 많으니 자신뿐 아니라 다른 사람에 관해서도 그 당사자보다 더 잘 파악할 수 있다고 착각한다.

비대칭적 통찰의 착각에 빠지면 다른 사람의 조언은 잘 알지도 못하면서 내뱉는 말로 여기고, 자기는 다른 사람에게 "이런 생각으로 했겠지만, 저렇게 해" 혹은 "너는 잘 모르겠지만, 사실 너는 이러저러해" 하는 식으로 당당하게 이야기하게 된다.

"사기꾼은 이렇게 행동해. 너는 잘 모르겠지만 난 다 알아. 그래서 감히 사기꾼이 날 속이지는 못해."

상대방이 사기꾼이라면 자신의 통찰력으로 이를 충분히 간파할 수 있다고 생각한다. 하지만 착각이다. 통찰력이 많은 게 아니라, 통찰력이 많다고 착각하는 것뿐이다. 덕분에 사기꾼은 통찰력이 더 있다고 하는 사람이 특별한 방어하지 않는 틈을 타서 거짓말로 더 잘 속인다.

평균 이상이라고 생각할수록 위험하다

지금까지 '과도한 자신감'과 '비대칭적 통찰의 착각'에 대해서 알아봤다. 그래도 '평범한 사람은 그렇게 당하겠지만, 나는 다를 거야'라고 생각한다면 위험하다.

인간은 누구나 자신이 평균 이상의 긍정적 능력과 특성을 지녔다고 생각하는 경향이 있다. 이것을 우월성 편향이라고 한다.

1976년 미국에서 100만 명을 대상으로 적성검사를 실시한 결과, 자그마치 70퍼센트의 사람이 자기 자신의 리더십을 평균 이상이라고 답했다. 통계적으로 70퍼센트가 평균 이상일 수는 없다. 평균은 정확히 50퍼센트 지점인데 70퍼센트의 사람이 평균 이상이라고 답했으니, 사람은 자기 자신을 평균 이상으로 긍정하는 경향이 있다고 해석할 수 있다.

적성검사에서 대인관계에 관한 질문에는 응답자의 85퍼센트가 평균 이상으로 원만하게 잘 지낸다고 대답했다. 더 놀라운 것은 대인관계가 우수한 상위 1퍼센트에 자신이 들어간다고 응답한 사람이 25퍼센트였다는 점이다. 그런데도 세상에는 대인관계가 힘들다는 사람이 많으니 이상한 일이다.

스웨덴 스톡홀름대학교 심리학과의 올라 스웬슨 교수의 연구에 따르면, 미국 대학생의 88퍼센트와 스웨덴 대학생의 77퍼센트가 자신이 평균보다 더 안전하게 운전한다고 응답했으며, 미국 대학생의 60퍼센트는 자신의 운전 실력이 상위 20퍼센트 안에 든다고 생각했다. 그리고 운전 기술에 관해서는 미국 대학생의 무려 93퍼센트가 평균 이상이라고 생각했다.

우리나라에는 거친 운전자가 많다. 하지만 우리나라 운전자 중에는 자기 정도면 괜찮은 운전자라고 생각하는 사람이 압도적으로 많다. 그럼에도 우리는 거리에서 부주의로 일어난 접촉 사고 때문에 길거리에서 언성을 높이는 사람을 흔히 볼 수 있다.

스스로 평균 이상의 능력이 있다고 생각하는 사람은 자신이 사기꾼에게 쉽게 당하지 않을 것이라 생각한다. 그렇게 방심하다가 사기꾼의 거짓말에 당한다. 그리고 나서는 이렇게 말한다.

"이럴 줄 몰랐어요. 나에게 이런 일이 닥칠 줄 정말 몰랐어요."

이것은 부정적 사건이 발생할 확률과 그 사건이 자신에게 미칠 영향력 모두를 낮게 평가하는 정상화 편향 때문이다. 정상화 편향을 가진 사람은 어떤 일이 닥치기 전까지는 자신의 상황이 지극히 정상적으로 흘러갈 것이라고 생각해서 특별히 대비하지 않는다. 그래서 막상 일이 닥치면 대처에 큰 어려움을 겪는다. 텔레비전이나 라디오에서 재난 경고 방송을 해도 자신은 괜찮을 것이고, 아주 운 나쁜 사람에게만 안 좋은 일이 생길 것이라면서 끝까지 버티다가 피해를 보는 사람이 꼭 있다.

나쁜 일이 생기기를 바라는 사람은 없다. 그렇지만 나쁜 일이 닥칠 가능성마저 외면해서는 안 된다. 여러분도 거짓말쟁이에게 당할 수 있다. 그것을 두려워해야 한다. 그리고 더 두려워해야 하는 것이 있다. 여러분도 거짓말쟁이가 될 수 있다는 것이다. 거짓말이 습관이 되면 자기도 모르게 심각한 거짓말쟁이가 될 수 있다. 피해자나 가해자가 되지 않으려면 과도한 자신감, 우월성 편향, 정상화 편향에 빠지지 말아야 한다.

진로찾기 **프로파일러**

프로파일러는 범죄자의 특성을 파악해서 용의자를 찾고 자백을 받는 등 범죄 해결을 돕는 사람이다. 프로파일러가 하는 일을 프로파일링이라고 한다. 프로파일링은 범죄 현장을 분석해 범인의 습관, 나이, 성격 등을 추론하는 수사 기법이다.

　프로파일링은 1960년대 FBI의 주도로 발달했다. 여러 공적을 인정받아 1972년에는 프로파일링 전담 부서까지 만들어졌다. 우리나라에도 경찰청의 수사를 돕는 프로파일러가 약 50여 명 있다. 우리나라 프로파일러는 모두 심리학이나 사회학 학사 이상의 학위를 보유하고 있다. 국가정보원에서도 심리학이나 사회학 중 범죄 관련 석사학위 소지자를 별정직 7급으로 채용한 사례가 있는 등 관련 분야에 대한 관심이 커지고 있다.

요즘 프로파일러는 경찰 신분으로 공무원처럼 일하는 사람도 있지만, 외부 자문 형식으로 범죄심리학자가 소정의 사례비를 받고 프로파일러를 맡는 경우도 있다. 경찰청 소속 직원이든, 외부 자문 인력이든 경찰과 함께 소통해야 하기에, 경찰 업무를 이해하고 있어야 한다. 비밀 유지의 신념을 갖고 있어야 하고, 범죄자들을 상대해야 하는 강단도 있어야 하며, 범죄와 관련된 최신 심리학과 사회학 지식을 섭렵하는 지성도 갖춰야 한다.

프로파일러라고 하면 '사이코패스', '연쇄살인마' 등을 함께 떠올리는 경우가 많지만 프로파일러는 다양한 범죄자를 상대한다. 따라서 사기꾼, 강간범, 폭력범, 사이비 종교 관계자 등 사회의 어둡고 부정적인 인간을 두루 접하게 된다. 그 과정에서 협박을 받는 경우도 많다. 협박을 받지 않더라도 업무 자체에서 오는 부정적인 스트레스도 만만치 않다. 그만큼 힘든 일이기에 사회적 인정을 받는 것이다. 앞으로 사회 구조가 더 복잡해짐에 따라 범죄는 지능화하고 새로운 유형으로 진화할 것이다. 하지만 기계로 사람의 거짓말을 알아내는 것에는 한계가 있기에 프로파일러의 수요는 늘어날 것이다.

진로 찾기 **범죄심리학자**

프로파일러는 의뢰받은 범죄자의 검거에 주된 목적을 갖고 활동한다. 그런데 범죄심리학자의 활동 범위는 훨씬 넓다. 범죄심리학자는 경찰청의 자문으로 프로파일러 역할을 하는 한편, 범죄를 일으키는 범죄자의 특성과 배경, 환경 요인을 알아내 범죄 예방과 범죄 수사, 또한 범죄자의 갱생에 기여한다. 그래서 범죄자를 잡고 나서도 수감자의 변화를 추적하고, 더 나은 사회인으로 다시 태어날 수 있는 정책을 모색하는 교정심리학까지 연구한다. 프로파일러도 범죄심리학자의 연구를 바탕으로 활동한다.

범죄심리학은 심리학의 한 분야지만, 범죄를 일으키게 하는 사회의 특성을 알아야 하므로 사회학 공부도 해야 하고, 왜 어떤 행동이 범죄가 되는지 이해해야 하므로 법학과 범죄학도 공부해야 한다. 피해자와 가해자 특성을 이해하기 위해 의학도 알아야 하고, 범죄에 쓰인 도구에 대한 잡다한 지식도 갖춰야 한다.

미국의 범죄심리학자인 제임스 윌슨과 조지 켈링은 구석진 골목에 두 대의 차량을 방치해 두었다. 차량은 모두 보닛을 열어 두었는데, 그중 한 대는 앞 유리창을 깬 상태였다. 그렇게 일주일 동안 관찰한 결과, 보닛만 열어둔 차량은 일주일 전과 동일한 상태였지만, 앞 유리를 깬 차량은 폐차 수준으로 심하게 파손되었다. 미세한 환경 차이가 범죄를 일으킨다는 것이 증명된 것이다. 이 실험 결과를 바탕으로 뉴욕시는 지하철 내의 낙서를 모두 지우는 대대적인 환경미화 작업을 실시했다. 그러고 나니 지하철에서 사건사고가 급감했다.

범죄심리학자는 범죄자의 처벌뿐 아니라, 예방, 갱생에도 기여할 수 있어 앞으로 사회적으로 많이 필요한 인재다. 경찰에 소속될 수도 있고, 대학교나 연구소에서 일하면서 부업으로 프로파일러로 활동할 수도 있다. 사회심리학의 한 분야로 사회 속에서 인간 행동에 대한 이해를 증진시키는 데 큰 공헌을 할 수 있어 유망한 직종이다.

대니얼 카너먼Daniel Kahneman은 1934년 이스라엘 텔아비브에서 출생했다. 어린 시절은 대부분 프랑스 파리에서 보냈으며, 제2차 세계대전의 참상도 그곳에서 경험했다. 종전 후인 1946년 팔레스타인으로 이주했으며, 1954년 예루살렘 히브리대학교에서 심리학을 전공하면서 수학을 부전공으로 선택했다. 1958년 캘리포니아대학교 버클리캠퍼스로 옮겨 심리학 박사학위를 받았다.

기존의 경제학은 인간의 판단과 결정에 대해 옳고 그름의 관점에서만 강조했다. 실제로 사람들이 어떻게 판단하고 결정하는지에 관해서는 연구가 부족했다. 이런 점을 깨달은 대니얼 카너먼은 심리학자가 되어 사람들의 판단과 결정을 연구하기 시작했다.

그 결과 대니얼 카너먼은 인간은 마음속에 손실과 이득에 관한 비합리적인 가치 계산법을 갖고 있다는 '조망 이론prospect theory'을 동료 연구자인 아모스 트버스키Amos Tversky와 함께 만들게 된다.

조망 이론은 다른 심리학자에게도 커다란 영향을 미쳤다. 이 공로로 심리학자이면서도 경제학자도 받기 힘든 노벨 경제학상을 받았다2002년. 그는 수상 소감에서 먼저 죽은 동료 아모스 트버스키에게 공로를 돌려 더 화제가 되기도 했다.

한편 대니얼 카너먼과 아모스 트버스키는 1977년에서 1978년까지 스탠포드대학교의 행동과학 고등연구센터의 연구원으로 지내는 동안 리처드 탈러를 만나게 되었다. 리처드 탈러 역시 그들에게 감화되어 심리학을 바탕으로 판단과 결정을 연구했다. 그 결과 행동경제학이라는 새로운 분야를 만든 공로로 2017년 노벨 경제학상을 받았다. 리처드 탈러는 오바마 행정부 때 사회 시스템을 개혁하는 일을 하기도 하고, 《넛지》라는 베스트셀러 책을 쓰기도 했다.

대니얼 카너먼은 심리학의 연구 이론과 방법론을 바탕으로 판단과 의사결정 분야의 독보적 연구 성과를 만들어 냈다. 특히 인간은 논리적 이성보다는 감성 등 비합리적인 요소에 더 많이 좌우되며, 일정한 패턴의 오류인 인지 편향을 보인다는 사실을 밝혔다.

찬찬히 따져 보면 실체가 드러나는 거짓말에 마음을 빼앗기는 이유도 비합리성에 약한 인간이 가진 보편적 인지 편향 때문이라는 사실도 대니얼 카너먼의 연구 덕분에 더 잘 이해하게 되었다. 현재 대니얼 카너먼은 미국 프린스턴대학교 교수로 재직하며 선택과 결정, 긍정심리학, 행동경제학 등을 통합해서 행복에 대해 연구하고 있다. 현재까지 밝혀낸 그의 연구에 따르면 인간은 행복을 추구하지만 행복하기가 힘든 비합리적이고 모순된 심리 체계를 가지고 있다.

1969년 캐나다 토론토에서 인도계 이민자의 딸로 태어난 시나 아이엔가Sheena Iyengar는 미국의 여러 도시를 떠돌면서 유년기를 보내야 했다. 시나 아이엔가는 미국에 적응해야 했지만 집에서는 인도 시크교도의 삶을 따라야 하는 혼란스러운 상황에 노출되었다. 그러던 중 망막색소변성증을 앓아 아홉 살 때부터 책을 읽을 수 없게 되었다. 그리고 고등학교에 들어갈 무렵에는 빛 이외에는 아무것도 구분할 수 없는 상태가 되었다.

가난, 외국인, 여성, 장애인 등 그녀를 무릎 꿇게 만들 요소는 많이 있었다. 하지만 그녀는 공부를 계속했다. 결국 미국 동부에 있는 펜실베이니아대학교에서 경영학, 심리학 학사 과정을 마쳤다. 그 이후에는 미국 서부로 이동해서 스탠포드대학교에서 사회심리학 박사학위를 취득했다. 이 과정에서 삶이란 이미 정해져 있는 통제 불가능한 사건의 연속이 아니라, 자신의 선택에 따라 얼마든지 변화시킬 수 있는 것이라는 점을 더 절실하게 깨달았다.

자신의 깨달음에 맞게 시나 아이엔가는 본격적으로 '선택'을 주제로 연구하기 시작했다. 일상의 식료품을 커다란 마트에서 사는 게 좋을까, 조그만 마트에서 사는 게 더 좋을까 하는 선택에서부터, 친구의 생일 선물로 무얼 사야 할지 많이 찾아보는 것이 좋은지 그냥 딱 떠오르는 것을 사주는 게 좋을지, 중매결혼이 좋은지 연애결혼이 좋은지 등 재미있는 선택과 그 결과에 대한 연구를 수행했다.

이런 독특하고 탁월한 연구 결과 시나 아이엔가는 2002년 미국 대통령과학기술상을 비롯해서 수많은 상을 받았다. 과학자일 뿐 아니라《선택의 기술》등의 도서를 펴낸 경영·심리 관련 베스트셀러 저자이기도 하다.

시나 아이엔가가 자신의 삶과 심리학의 선택 이론을 결합시켜 만든 독특한 자서전은 국내에도《나는 후회하는 삶을 그만두기로 했다》라는 제목으로 번역되어 있다. 그저 머리로만 심리학을 연구하는 것이 아니라, 가슴에서부터 자신의 호기심과 의문, 열정을 결합해 무언가를 선택할 때 마음속에서 벌어지는 심리 과정과 의사결정 능력을 향상시킬 수 있는 방법에 관해 연구하는 최고의 심리학자, 재미있으면서도 진지한 삶을 사는 한 인간의 모습을 확인할 수 있을 것이다.

현재 시나 아이엔가는 매사추세츠 공과대학교를 거쳐 컬럼비아대학교 경영대학원에서 교수로 있다. 유튜브나 테드TED 강연에서 그녀의 이름을 검색하면 자신의 멋진 연구를 설명하는 모습을 직접 확인할 수 있다. 쇼핑 물품 선택과 같은 재미있고 가벼운 주제에서부터 자살이라는 무거운 선택까지 망라하는 그녀의 연구를 따라가다 보면 인생과 세상을 더 잘 이해할 수 있을 것이다.

하고 싶은 일을 하려면 무엇을 준비해야 할까?
관심 있는 직업을 직접 조사해 보자.

나의 관심사	
나의 성격	
좋아하는 공부	
내가 되고 싶은 직업	
이 직업이 하는 일	❶ ❷ ❸ ❹ ❺

진출 분야	

필요한 능력	

해야 할 공부 및 활동	

관련 자격증	

이 직업의 롤 모델	

참고 자료

도서

- 간바 와타루 지음, 한성례 옮김, 《생존을 위한 심리 트릭》, 북스코리아, 2019
- 게일 살츠 지음, 박정숙 옮김, 《비밀스런 삶의 해부》, 에코리브르, 2008
- 김문성 지음, 《마법의 거짓말》, 스타북스, 2011
- 데이비드 데스테노, 피에르카를로 발데솔로 지음, 이창신 옮김, 《숨겨진 인격》, 김영사, 2012
- 로버트 펠드먼 지음, 이재경 옮김, 《우리는 10분에 세 번 거짓말한다》, 예담, 2010
- 마리아 코니코바 지음, 이수경 옮김, 《뒤통수의 심리학》, 한국경제신문사(한경비피), 2018
- 마이클 캐플런, 앨런 캐플런 지음, 이지선 옮김, 《뇌의 거짓말》, 이상media, 2010
- 베티나 슈탕네트 지음, 김희상 옮김, 《거짓말 읽는 법》, 돌베개, 2019
- 세스 스티븐스 다비도위츠 지음, 이영래 옮김, 《모두 거짓말을 한다》, 더퀘스트, 2018
- 스텐 티 키틀, 크리스티안 제렌트 지음, 류동수 옮김, 《거짓말에 흔들리는 사람들》, 애플북스, 2016
- 엘리엇 애런슨, 캐럴 태브리스 지음, 박웅희 옮김, 《거짓말의 진화》, 추수밭, 2007
- 이언 레슬리 지음, 김옥진 옮김, 《타고난 거짓말쟁이들》, 북로드, 2012
- 자크 데리다 지음, 배지선 옮김, 《거짓말의 역사》, 이숲, 2019
- 찰스 포드 지음, 우혜령 옮김, 《왜 뻔한 거짓말에 속을까》, 21세기북스, 2009
- 클라우디아 마이어 지음, 조경수 옮김, 《거짓말의 딜레마》, 열대림, 2008
- Gini Graham Scott, 《Lies and Liars: How and Why Sociopaths Lie and How You Can Detect and Deal with Them》, 2016

- Pamela Meyer, 《Liespotting: Proven Techniques to Detect Deception》, 2011
- Philip Houston, Michael Floyd, Susan Carnicero, Don Tennant, 《Spy the Lie: Former CIA Officers Teach You How to Detect Deception》, 2013

논문

- 강남수, 박주호, 〈거짓말탐지 검사에서 혐의자와 인식있는 무죄자의 질문 및 자극 제시방법에 따른 생리적 반응의 차이〉, 《과학수사학》 7(4): 279-286. 2013
- 김대중, 박지혜, 〈거짓말의 단서로서 준언어행위〉, 《한국콘텐츠학회논문지》 19(4): 187-196. 2019
- 김영윤, 〈신경과학을 이용한 거짓말 탐지〉, 《교정담론》 9(3): 87-125. 2015
- 박희정, 홍우한, 〈거짓말 탐지 상황에서 객관적 자기인식이 용의자의 심리상태에 미치는 영향〉, 《한국심리학회지: 사회 및 성격》 30(1): 115-130. 2016
- 엄진섭, 전하정, 손진훈, 〈일화기억과 의미기억 간의 차이를 이용한 거짓말 탐지〉, 《감성과학》 21(3): 61-72. 2018
- 이효정, 정윤경, 〈유아기 연령과 성별에 따른 자기 보호적, 친사회적 거짓말과 마음 이론 이해와의 관계〉, 《한국유아교육연구》 22(1): 143-162. 2020
- D. C. Raskin, C. R. Honts, The Comparison Question Test. Handbook of Polygraph Testing, pages 1-49. 2002
- Loftus, E. F., Leading Questions and the Eyewitness Report. Cognitive Psychology 7(4): 560-572. 1975
- Rada Mihalcea, Carlo Strapparava, The Lie Detector: Explorations in the Automatic Recognition of Deceptive Language. Proceedings of the ACL-IJCNLP 2009 Conference Short Papers, pages 309-312. 2009
- Verónica Pérez-Rosas, Rada Mihalcea, Experiments in Open Domain Deception Detection. Proceedings of the 2015 Conference on Empirical Methods in Natural Language Processing, pages 1120-1125. 2015

교과 연계

▶ 중학교 —————————————————————————————————————

찾아보기

거짓말쟁이의 뇌를 해부한다면

초판 1쇄 2020년 9월 22일
초판 4쇄 2023년 4월 23일

지은이 이남석

펴낸이 김한청
기획편집 원경은 차언조 양희우 유자영 김병수 장주희
마케팅 현승원
디자인 이성아 박다애
운영 최원준 설채린

펴낸곳 도서출판 다른
출판등록 2004년 9월 2일 제2013-000194호
주소 서울시 마포구 동교로27길 3-12 N빌딩 2층
전화 02-3143-6478 팩스 02-3143-6479 이메일 khc15968@hanmail.net
블로그 blog.naver.com/darun_pub 인스타그램 @darunpublishers

ISBN 979-11-5633-299-2 44000
ISBN 979-11-5633-250-3 (세트)